ÜBER FRIEDRICH NIETZSCHE

ÜBER
FRIEDRICH NIETZSCHE

Eine Einführung in seine Philosophie

Herausgegeben

von

Matthias Lutz-Bachmann

VERLAG JOSEF KNECHT · FRANKFURT AM MAIN

CIP-Kurztitelaufnahme der Deutschen Bibliothek

Über Friedrich Nietzsche : e. Einf. in seine
Philosophie / hrsg. von Matthias Lutz-Bachmann. —
1. Aufl. — Frankfurt am Main : Knecht, 1985.

ISBN 3-7820-0514-7

NE: Lutz-Bachmann, Matthias [Hrsg.]

ISBN 3-7820-0514-7

1. Auflage 1985. Alle Rechte vorbehalten. Printed in Germany. © 1985 by
Verlag Josef Knecht — Carolusdruckerei GmbH, Frankfurt am Main
Gesamtherstellung: Wiesbadener Graphische Betriebe GmbH, Wiesbaden

INHALT

5

VORWORT

Mit diesem Buch wird eine Einführung in die Philosophie Friedrich Nietzsches gegeben, ohne eine eingehende Kenntnis seines Werkes beim Leser vorauszusetzen. Daher waren die Autoren bemüht, in ihren Aufsätzen fachwissenschaftliche Ansprüche mit der für eine Einführungsschrift erforderlichen Lesbarkeit zu verbinden.

Die hier zusammengestellten Beiträge sind die für den Druck leicht überarbeiteten Vorträge einer Tagung, die die »Fachschaft Philosophie« des bischöflichen Begabtenförderungswerks CUSANUSWERK 1982 in Frankfurt am Main veranstaltet hatte. Die »Fachschaft Philosophie« ist der Zusammenschluß aller ehemaligen sowie gegenwärtigen Stipendiaten des Studienfachs Philosophie im CUSANUSWERK.

Mein Dank gilt den Referenten der Tagung, die einer Veröffentlichung ihrer Beiträge in dieser Form zugestimmt haben. Danken möchte ich auch dem Verlag, der in engagierter Weise die Publikation der Aufsätze übernommen hat.

Berlin/Frankfurt, im Dezember 1984

Matthias Lutz-Bachmann

Matthias Lutz-Bachmann

EINFÜHRUNG IN LEBEN UND WERK FRIEDRICH NIETZSCHES

Die Aktualität der Philosophie Friedrich Nietzsches und
das allenthalben zu beobachtende Interesse an seinen
Schriften ist aufs engste verknüpft mit einem zeitgenössischen Unbehagen in der Kultur: Das allgemeine Bewußtsein einer tiefen Krise unserer Zivilisation, die häufig
feststellbare Abkehr von Wissenschaft und dem System
der neuzeitlichen Rationalität, die Wiederentdeckung
und Aufwertung des Mythos in der Moderne[1] — das
sind Tendenzen, die vielerorts zu einem neuen Verständnis der Absichten und Aussagen Nietzsches beigetragen
haben. Die Lektüre Nietzsches ist, zumindest in den
Ländern Westeuropas, weitgehend frei von den Bela-
stungen, die von den nationalsozialistischen Versuchen
einer Indienstnahme seiner Philosophie ausgegangen
waren. Das erwachte Interesse an Nietzsches Schriften
wird nachhaltig gestützt durch die erst vor kurzem fer-
tiggestellte kritische Gesamtausgabe seiner Werke von
Colli und Montinari[2], welche die z. T. problematischen,
z. T. unvollständigen Ausgaben Nietzsches seit Beginn
dieses Jahrhunderts abgelöst hat.

Neben diesen in allgemeinen Tendenzen begründeten
Ursachen für eine neuerliche Aktualität Nietzsches stehen häufig auch eher subjektive Motive für ein Interesse
an seiner Philosophie. Nietzsche ist ein Autor, der, anders als die großen Autoren der griechischen, lateini-
schen oder deutschen Philosophietradition, einen sehr

persönlichen Schreibstil pflegt. Seine Darstellungsform wird im Verlauf seiner eigenen Lebensgeschichte immer aphoristischer und situativer. Seine Werke sind daher glänzend und mitreißend formuliert. Er konfrontiert mit schnellem, manchmal leichtfüßigem Urteil und schreibt aus persönlicher Betroffenheit. So vermag er zu fesseln, zu interessieren und zu begeistern. Manch einer mag so bei ihm Antworten auf ureigenste Lebensfragen und -nöte finden. Bei einer solchen Lesart werden jedoch zumeist die enormen Schwierigkeiten unterschätzt, die einem angemessenen Verständnis Nietzsches im Wege stehen. Gerade sein aphoristischer Schreibstil erlaubt es Nietzsche, unterschiedliche, ja auch widersprüchliche Aussagen und Stellungnahmen in seinen Werken nebeneinander stehen zu lassen, so daß der Leser oft eine inkohärente Vielzahl von Urteilen Nietzsches zu ein- und derselben Person oder ein- und demselben Gegenstand findet. Hier helfen nur weiter zum ersten die Tugend einer exakten Philologie, zum zweiten ein genaues Studium des Gesamtwerks einschließlich Nachlaß und Briefen, ferner die Frage nach einer möglichen biographischen Zuordnung eines Textes und schließlich seine systematische Auslegung auf dem Hintergrund der Geistesgeschichte des 19. Jahrhunderts.

Ein Versuch, Nietzsches Philosophie zumindest in ihren Grundzügen auf wenigen Seiten synthetisch zu umreißen, muß daher von vornherein als aussichtsloses Unternehmen betrachtet werden. Auch ein Buch, wie das hier vorliegende, kann nur einzelne »Verständnisschneisen« in den »Wald« der Schriften Nietzsches schlagen. So ist im folgenden *Jörg Salaquarda* bemüht, Nietzsche philosophisch auf dem Hintergrund seiner Kritik an Immanuel Kants Transzendentalphilosophie und seiner Aufnahme von Fragestellungen Arthur Schopenhauers

10

und Friedrich Albert Langes einzuordnen. Diese Orientierung ergänzt *Josef Simon* in seinem systematischen Beitrag zu Nietzsches Sprachverständnis, demzufolge der traditionelle Wahrheitsbegriff der Metaphysik als eine zeitbedingte, in der grammatischen Struktur der Sprache begründete Interpretation der Welt betrachtet werden müsse, der jedoch kein Objektivitäts- oder Endgültigkeitscharakter zukommt. Die sich aus dieser Konzeption ergebenden außerordentlich bedeutsamen Probleme für eine affirmative Religionsphilosophie und Ethik benennt in deutlicher Sprache *Jörg Splett*, dessen Aufsatz gerade in seiner Auseinandersetzung mit Nietzsche einen Beitrag zur aktuellen Nietzsche-Diskussion leisten will. In Ergänzung zu diesen philosophiegeschichtlichen und -systematischen Diskussionsbeiträgen soll diese Einführung einige kurze Informationen geben zum philosophischen Werk Friedrich Nietzsches, das in engstem Zusammenhang mit seinem wechselhaft verlaufenen Leben steht[3].

Der am 15. Oktober 1844 in Röcken bei Lützen (preußisches Sachsen) geborene Friedrich Wilhelm entstammt einer tief im Bürgertum des 18. und 19. Jahrhunderts verwurzelten Tradition des Protestantismus. Sein Vater war Pfarrer in Röcken, ebenso wie auch die Vorfahren seines Vaters Carl Ludwig und seiner Mutter Franziska, geb. Oehler, das protestantische Pfarramt innehatten. Nach dem frühen Tod des Vaters (1849) und der Übersiedlung der Familie nach Naumburg (1850) wuchs der Junge zusammen mit der jüngeren Schwester Elisabeth in einer von der Großmutter, zwei unverheirateten Tanten und seiner Mutter bestimmten häuslichen Welt auf. Als Vierzehnjähriger bekam Friedrich einen Freiplatz in dem angesehenen, an klassischer Bildung orientierten Internat Schulpforta, unweit von Naumburg gelegen.

Hier befreundete sich Nietzsche mit Paul Deussen, eine Freundschaft, die bis zum Lebensende andauern sollte. In dieser Zeit lernte der Heranwachsende die antiken Autoren kennen, bekam Zugang zur romantischen Dichtung (Jean Paul, Hölderlin) und hörte erstmals von der neuartigen Musik Richard Wagners (»Tristan und Isolde«). Rückblickend ordnet Nietzsche den Einflüssen dieser Zeit auch seine in diesen Jahren wachsende Distanz zum protestantischen Bekenntnis zu.

Seine beiden ersten Studiensemester (1864/65) verbrachte Nietzsche, wie auch Freund Deussen, an der Universität Bonn, wo er sich für die Fächer Altphilologie und Theologie immatrikuliert hatte. Auf dem Hintergrund seiner Lektüre der Schrift »Leben Jesu« von David Friedrich Strauß und seiner Hinwendung zur Quellenkritik verlor die Theologie für ihn an Interesse und er wandte sich ganz der Altphilologie sowie Fragen der Ästhetik und Musiktheorie zu. 1865 folgte Nietzsche seinem akademischen Lehrer Friedrich Wilhelm Ritschl nach Leipzig. Hier stieß Nietzsche in einem Antiquariat auf Schopenhauers Hauptwerk »Die Welt als Wille und Vorstellung« aus dem Jahr 1818, das er, nach einer Auskunft Paul Deussens, »erst wieder beiseite gelegt hat, nachdem er es ausgelesen hatte«. In Leipzig befreundete sich Nietzsche mit Erwin Rohde, mit dem ihn die Begeisterung für die Welt der vorklassischen und klassischen Antike ebenso wie für Schopenhauers tragische Weltdeutung eng verband.

Auch der erste persönliche Kontakt mit Richard Wagner fällt in die Zeit seiner Leipziger Studien (8.11.1868). Sein Entschluß, mit dem Studium der Altphilologie eine Karriere als Universitätsprofessor aufzunehmen, erscheint, verglichen mit seinen damaligen Äußerungen und Briefen, trotz seiner hohen philologischen Qualifi-

12

kation doch als ein Kompromiß, bei dem die philosophischen und ästhetischen Ambitionen Nietzsches nicht wirklich hinreichend berücksichtigt waren. So können innere und äußere Konflikte nicht ausbleiben, als der erst fünfundzwanzigjährige Nietzsche noch vor dem Abschluß einer Dissertation auf Vorschlag seines Lehrers Ritschl zum außerordentlichen Professor für Altphilologie in Basel berufen wird. Seine Antrittsvorlesung hält er am 28. 5. 1869 über das Thema »Homer und die klassische Philologie«. In Basel trifft 1870 Franz Overbeck ein, Theologe und ein sein Fach kritisch betreibender Professor für Kirchengeschichte; mit ihm befreundet sich Nietzsche ebenso wie mit dem wesentlich älteren Jakob Burckhardt. Bestimmend aber für seinen weiteren Lebensweg wird vor allem die anfänglich herzliche Freundschaft mit Richard Wagner und seiner Frau Cosima, im Jahr 1869 noch mit Hans Bülow verheiratet, die in diesen Jahren ein offenes Haus in Tribschen bei Luzern halten[4], bis sie im Frühjahr 1872 nach Bayreuth übersiedeln.

In die Zeit zwischen 1869 und 1872 fällt die Ausarbeitung und Publikation von Nietzsches erster großer Schrift »Die Geburt der Tragödie aus dem Geist der Musik«, der Nietzsche ein an Richard Wagner gerichtetes Vorwort vorausschickt. Mit dieser Veröffentlichung, gemeint als Beitrag zur altphilologischen Forschung, versucht er nachzuweisen, daß sich die griechische Tragödie aus dem Dionysoskult und seinem Ritus entwickelt habe. Dabei stellt Nietzsche die These auf, daß mit Euripides und vollends mit Sokrates die griechische Tragödie, und das heißt die auch für uns noch vorbildliche ursprüngliche griechische Kultur, deren Mythos und Ethos, vernichtet worden seien. Seit Sokrates beherrschen metaphysische Philosophie und Wissenschaft, der theoretische und optimistische Mensch die abendländische Zivilisation. Erst mit Schopenhauer und Wagner sei einer Wiedergeburt des Tragischen, des wahren, mythischen, dionysischen Geistes der Griechen in greifbare Nähe gerückt. So positiv die alten und neuen Freunde Nietzsches Schrift aufnehmen, so hart und ablehnend fällt die Reaktion der Fachwelt aus. Der später als Altphilologe berühmt gewordene Wilamowitz-Moellendorf repliziert im Mai des Jahres 1872 und sucht Nietzsche sowohl philosophischer Unkenntnis als auch philologischer Unbedarftheit und kulturgeschichtlicher Unwissenheit zu überführen. Mit dieser Kritik, der sich die akademische Öffentlichkeit anschloß, war Nietzsches Karriere als Wissenschaftler im Fach Altphilologie praktisch beendet. Seine Reputation war zerstört, Nietzsche fachphilologisch isoliert.

Die Veröffentlichungen der Jahre 1872–76 bewegen sich theoretisch im großen und ganzen in den Bahnen, die philosophisch durch den Namen Schopenhauer und kulturpolitisch durch das Reformkonzept Richard Wagners und seiner Bayreuther Pläne abgesteckt sind. Aus der Reihe seiner »Unzeitgemäßen Betrachtungen« dieser Jahre sei hier vor allem die zweite hervorgehoben: »Vom Nutzen und Nachteil der Historie für das Leben« (1873/74). Nietzsche wendet sich hier wie schon in seinen Vorträgen »Über die Zukunft unserer Bildungsanstalten« (1872) gegen den historischen Positivismus der zeitgenössischen Wissenschaftsorientierung und gegen den gründerzeitlichen Kulturbetrieb. Nach außen bemüht er sich, den Schein einer Kontinuität seiner Gedanken und seiner Lebensführung zu wahren. Doch hinter dieser auch dem eigenen Schutz dienenden Fassade bereiten sich Umwälzungen vor, die Person und Denken Nietzsches auf den Weg einer lebenslangen Wanderschaft

14

bringen. So enthält schon seine Idee einer Erneuerung der Kultur im Geiste der dionysischen Lebensphilosophie, wie er sie in diesen Jahren vertritt, deutliche Momente der Spannung und Unvereinbarkeit mit der »resignativen Metaphysik« Arthur Schopenhauers. Auch seine zunehmenden gesundheitlichen Probleme machen ihm mehr und mehr zu schaffen und lassen in ihm den Wunsch stärker werden, seine Professur für Altphilologie in Basel niederzulegen.

Den menschlich nachhaltigsten Konflikt aber stellt seine wachsende Entfernung von Wagners Musiktheaterkonzept und dessen praktischer Realisierung zwischen 1874 und 1876 dar. Zwölf Jahre später und kurz vor seinem Zusammenbruch faßt Nietzsche einige Motive dieser Entfremdung zwischen ihm und Wagner zusammen. Unter der Überschrift »Nietzsche contra Wagner. Aktenstücke eines Psychologen« schreibt er: »Man erinnert sich vielleicht, zum mindesten rückblickend unter meinen Freunden, daß ich anfangs mit einigen Irrtümern und Überschätzungen und jedenfalls als Hoffender auf diese moderne Welt losgegangen bin. Ich verstand... den philosophischen Pessimismus des neunzehnten Jahrhunderts als Symptom einer höheren Kraft des Gedankens, einer siegreichen Fülle des Lebens als diese in der Philosophie Humes, Kants und Hegels zum Ausdruck gekommen war... Desgleichen deutete ich mir die Musik Wagners zurecht zum Ausdruck einer dionysischen Mächtigkeit der Seele, in ihr glaubte ich das Erdbeben zu hören, mit dem eine von alters her aufgestaute Urkraft von Leben sich endlich Luft macht, gleichgültig dagegen, ob alles, was sich heute Kultur nennt, damit ins Wackeln gerät. Man sieht, was ich verkannte, man sieht insgleichen, womit ich Wagner und Schopenhauer beschenkte – mit mir.« Und er fährt auf Wagner bezogen fort: »Schon im Sommer 1876, mitten in der Zeit der ersten Festspiele (sc. in Bayreuth) nahm ich bei mir von Wagner Abschied. Ich vertrage nichts Zweideutiges; seitdem Wagner in Deutschland war, kondeszendierte er Schritt für Schritt zu allem, was ich verachte — selbst zum Antisemitismus... Es war in der Tat damals die höchste Zeit, Abschied zu nehmen: alsbald schon bekam ich den Beweis dafür. Richard Wagner, scheinbar der Siegreichste, in Wahrheit ein morsch gewordener verzweifelter décadent, sank plötzlich, hilflos und zerbrochen, vor dem christlichen Kreuz nieder.«[5]

Mit der Veröffentlichung von »Menschliches, Allzumenschliches« im Mai des Jahres 1878 tritt Nietzsche mit einer neuen philosophischen und stilistischen Konzeption vor sein Leserpublikum. Aus seinem Kontakt mit Paul Rée hat er die Literatur der französischen Aufklärung kennen- und schätzengelernt. Es sind Autoren wie Montaigne, La Rochefoucauld, La Bruyère, Chamfort, aber auch Pascal, Voltaire, Helvetius, Stendhal und die englischen Empiristen, mit denen er sich in dieser Zeit befaßt. In der deutschen Philosophie ist es Friedrich Albert Lange und dessen erkenntniskritischer Agnostizismus, von dem Nietzsche wohl am nachhaltigsten beeinflußt ist. Sein analytisches Verfahrensprinzip orientiert sich am Instrumentarium psychologisch-genealogischer Ableitung und der Kritik scheinbar »ewiger Wahrheiten« und »moralischer Werte«. Im Zeichen einer Rezeption positiver Naturwissenschaften und seiner Kritik an Schopenhauer büßt auch die bis dahin festgehaltene substantielle Rolle der Kunst ihre Funktion ein. Auch seine nunmehr zur Meisterschaft entwickelte Darstellungsform des Aphorismus trägt zu einer Auflösung der Philosophie in eine Psychologie der Moral, Kultur und Gesellschaft bei. Indem Nietzsches Idee einer

16

»neuen Kultur« bei keiner vorgegebenen Institution mehr ansetzen kann, rückt als Träger des Neuen der Einzelne, der »freie Geist« ins Zentrum der Zukunftserwartungen. Unschwer kann gezeigt werden, wie sehr Nietzsche mit dem sich hier schon abzeichnenden Begriff des »Übermenschen« auf die Idee des »uomo universale« der Renaissance zurückgreift, vermittelt über Stendhal und Helvetius, der den Terminus »homme supérieure« bereits gebraucht.

1879 verschlechtert sich Friedrich Nietzsches Gesundheitszustand so dramatisch, daß er die Last seines akademischen Lehramtes nicht mehr tragen will und seine Professur aufgibt. Von diesem Zeitpunkt an ist er auch hinsichtlich seiner äußeren Lebensumstände ein heimatloser Wanderer, unentwegt bemüht, ein erträgliches Klima für seine Leiden zu finden. Er trifft im Frühjahr 1880 erstmals in Venedig ein, verbringt den Winter 1881 in Genua und erhofft sich im Sommer 1881 in Sils-Maria (Engadin) Linderung seiner Beschwerden. Diese Unstetigkeit sowie seine nachlassende Sehkraft verbieten es ihm, breitangelegte Studien der Literaturgeschichte, der Naturwissenschaft oder der Philosophie zu betreiben. So erweitern sich in den nachfolgenden Veröffentlichungen »Morgenröte. Gedanken über die moralischen Vorurteile« (1881) und »Die fröhliche Wissenschaft« (1882) nicht eigentlich die Themen und Problemkreise seiner Philosophie, wohl aber werden die stilistischen Pointen verfeinert und die Aussagen gedanklich präzisiert. Eine wichtige Begegnung dieser Jahre ist das Zusammentreffen mit Lou Salomé (1882) im klein gewordenen Kreis der ihm verbliebenen Freunde und Gesprächspartner. Zwischen 1883 und 1885 entstehen die positiven Umrisse seiner Philosophie in seiner schwierigen und unvollendet gebliebenen vierteiligen Schrift »Also sprach Zarathustra«, die die Idee des »Übermenschen« und die Lehre von der »Ewigen Wiederkehr des Gleichen« entfaltet. Mit dem nachfolgenden Buch »Jenseits von Gut und Böse«, geschrieben zwischen 1884 und 1885, veröffentlicht 1886, tritt schließlich der Gedanke vom »Willen zur Macht« vollends ins Zentrum seiner »Überwindung des Nihilismus« und seiner »Umwertung aller Werte«. (Zur inhaltlichen Auseinandersetzung mit diesen zentralen Gedanken der Philosophie Nietzsches tragen die nachfolgenden Beiträge von Salaquarda, Simon und Splett bei.)

Die Philosophie der »Bejahung des Lebens«, die Nietzsche in den Jahren zwischen 1883 und 1888 vorträgt, korrespondiert durchaus einer leichten Stabilisierung seines nach wie vor gefährdeten Gesundheitszustandes. Im Jahr 1888 kommentiert Nietzsche rückblickend die Lebenssituation dieser Jahre zwischen Krankheit und Gesundung in ihrer Bedeutung für sein Denken: »Jene Energie zur absoluten Vereinsamung und Herauslösung aus gewohnten Verhältnissen, der Zwang gegen mich, mich nicht mehr besorgen, bedienen, beärzteln zu lassen — das verrät die unbedingte Instinkt-Gewißheit darüber, was damals vor allem Not tat. Ich nahm mich selbst wieder in die Hand, ich machte mich selbst wieder gesund: die Bedingung dazu — jeder Physiologe wird das zugeben — ist, daß man im Grunde gesund ist. Ein typisch morbides Wesen kann nicht gesund werden, noch weniger sich selbst gesund machen; für einen typisch Gesunden kann umgekehrt Kranksein sogar ein energisches Stimulans zum Leben, zum Mehrleben sein. So in der Tat erscheint mir jetzt jene lange Krankheits-Zeit: ich entdeckte das Leben gleichsam neu, mich selber eingerechnet, ich schmeckte alle guten und selbst kleinen Dinge, wie sie andere nicht leicht schmecken könnten.

Ich machte aus meinem Willen zur Gesundheit, zum Leben, meine Philosophie.«⁶

Die letzten Jahre seines Schaffens im Anschluß an den »Zarathustra« sind geprägt von emsiger Produktivität Nietzsches, aber auch von einer zuweilen bis ins Lächerliche gesteigerten Selbststilisierung und einem Sendungsbewußtsein, das als Ausdruck einer Überkompensation seiner tatsächlichen Einsamkeit und Resonanzlosigkeit erscheinen mag. Sicherlich liegt aber auch schon der Schatten des 1889 einsetzenden Zusammenbruchs über den 1888 in Turin beendeten Schriften: Im August schließt Nietzsche seine Arbeit an den »Dionysos-Dithyramben« und am »Fall Wagner« ab, im September folgen die »Götzendämmerung« und der »Antichrist«, im November »Ecce homo« und im Dezember schließlich »Nietzsche contra Wagner«. Der Ausbruch seiner Geistesgestörtheit in den Januartagen des Jahres 1889 beendet diese zehn Jahre während Phase seines freien schriftstellerischen Wirkens im Anschluß an die Aufgabe seiner Basler Professur. Bis zu seinem Tod am 25. 8. 1900 in Weimar verbleibt Nietzsche in diesem Zustand progressiver geistiger Umnachtung, ohne noch das im letzten Jahrzehnt des 19. Jahrhunderts einsetzende Interesse an seiner Philosophie zur Kenntnis nehmen zu können.

Im Rahmen dieser Einleitung in Werk und Leben Friedrich Nietzsches sei besonders auf eine Schrift aus seiner letzten Schaffensperiode des Jahres 1888 näher eingegangen, nämlich den »Antichrist«. Die Beschäftigung mit dem Christentum durchzieht wie ein roter Faden Nietzsches Werk. Sie zählt zu den zentralen Themen, die der Autor, unbeschadet seiner schon recht früh formulierten Distanz, niemals als erledigt betrachten konnte. Ein Blick auf die im »Antichrist« vorgelegte »späte Summe« seiner Einschätzung des Christentums erscheint daher von einigem Interesse. Seine kurze Schrift ist geeignet, die von Karl Jaspers vertretene These zu bestätigen. »Nietzsches Feindschaft gegen das Christentum als Wirklichkeit ist untrennbar von seiner tatsächlichen Bindung an das Christentum als Anspruch.«[7] Während Jaspers hierbei an Nietzsches unbedingten Wahrheitswillen oder vergleichbare Tugenden denkt, scheint mir eher eine Kontinuität in Nietzsches Gottes-, Gnaden- und Freiheitsbegriff aufweisbar, die den jungen Nietzsche begleiten und den reifen Nietzsche zur Vehemenz seiner Ablehnung der Religion motivieren. Darin wird jedoch eine Verbindung sichtbar, die Nietzsche, gleich ob in Zustimmung oder Kritik, zur Religion seiner Vorfahren behält.[8]

Das Christentum ist für Nietzsche, ebenso wie das Judentum, ein Phänomen der Décadence. Hierfür führt er die religionsgeschichtliche Überlegung an, daß ein Volk, das auf der Höhe seiner Macht steht, seine Vitalität und ungetrübte Lebensfreude in die Gestalt einer machtvollen Gottheit projiziert. Mit dem Niedergang der Macht schwindet der Glaube des Volkes an seine Zukunft. Es lernt, sich stärkeren Mächten zu unterwerfen, wenn es überleben will. Der ehemals starke Gott verändert nun seinen Charakter. »Er wird jetzt Duckmäuser, furchtsam, bescheiden, rät zum ›Frieden der Seele‹, zum Nicht-mehr-hassen, zur Nachsicht, zur ›Liebe‹ selbst gegen Freund und Feind. Er moralisiert beständig, er kriecht in die Höhle jeder Privattugend, wird Gott für jedermann, wird Privatmann, wird Kosmopolit... In der Tat, es gibt keine andre Alternative für Götter: *entweder* sind sie der Wille zur Macht — und so lange werden sie Volksgötter sein *oder* aber die Ohnmacht zur Macht — und dann werden sie notwendig gut.«[9]

20

Den größten Skandal des Christentums erblickt Nietzsche in der Predigt des gekreuzigten Gottes. »Das ist es nicht, was *uns* abscheidet, daß wir keinen Gott wiederfinden, weder in der Geschichte, noch in der Natur, noch hinter der Natur – sondern daß wir, was als Gott verehrt wurde, nicht als »göttlich«, sondern als erbarmungswürdig, als absurd, als schädlich empfinden, nicht nur als Irrtum, sondern als *Verbrechen am Leben*... Wir leugnen Gott als Gott.«[10] Nietzsches Atheismus geht also über eine simple Negation der Existenz Gottes hinaus. Im »Gott am Kreuze«[11] begegnet ihm das Paradoxon, das als »Torheit« schon Paulus den Griechen verkündigt hatte: Die Umwertung aller Werte. Das Höchste, nämlich Gott, wird als ein Niedriger, Leidender, Hinfälliger, Sterbender verehrt. Dieser revolutionären Umstülpung aller »natürlichen Werte« gilt sein Kampf. In diesem Gottesbegriff kommt für ihn alles Unehrenwerte, Pöpelhafte, Verworfene zu höchstem Ansehen. Gegen diesen Gott bietet er Dionysos auf: »Der Gott am Kreuz ist ein Fluch auf das Leben, ein Fingerzeig, sich von ihm zu erlösen, – der in Stücke geschnittene Dionysos ist eine *Verheißung* des Lebens: es wird ewig wiedergeboren und aus der Zerstörung heimkommen.«[12]

Nietzsches Intention ist orientiert am ewigen Kreislauf der Natur, wie ihn die griechische Antike gedacht hatte. Der gequälte Gott Dionysos steht ein für eine heroische Bejahung des Lebens samt seiner Fruchtbarkeit, aber auch seiner Qualen, Zerstörungen und Tragik. »Der tragische Mensch bejaht noch das herbste Leiden; er ist stark, voll und vergöttlichend genug dazu; der christliche verneint noch das glücklichste Los auf Erden: er ist schwach, arm, enterbt genug, um in jeder Form noch am Leben zu leiden.«[13] Die christliche Religion gilt

Nietzsche als »nihilistische Religion«, da in ihr der Wille zu Leben und Macht geschwächt und »in Gott das Nichts vergöttlicht, der Wille zum Nichts heilig gesprochen«[14] wird. Der »Nihilismus« ist nicht, wie oft mißverstanden, eine von Nietzsche vorgetragene Leugnung von Sinn oder Religion, keine *gegen* das christliche Bekenntnis gesetzte Weltanschauung, sondern soll eine *innere* Verfassung des Christentums selbst sein, die in der Opposition zur Realität des Lebens als des Willens zur Macht gründet.

Nach einem solch massiven Angriff auf das Christentum muß der Leser überrascht sein, im Zentrum des »Antichrist« ein Loblied des Autors auf Jesus zu hören. Nietzsche geht dabei von einer »starken Entstellung« der Person Jesu in den Evangelien aus. »Der Prophet, der Messias, der zukünftige Richter, der Morallehrer, der Wundermann, Johannes der Täufer – eben so viele Gelegenheiten, den Typus zu verkennen.«[15] Jesus ist in Wahrheit dagegen der »interessanteste décadent«, der je gelebt hat, ein »Idiot«[16] im Sinne Dostojewskijs, dessen »ergreifender Reiz« in der »Mischung von Sublimem, Krankem und Kindlichem«[17] liegt. Als das Proprium Jesu erscheint seine Innerlichkeit, die sich als eine psychologische Folge seiner »extremen Leid- und Reizfähigkeit« und seines Rückzugs aus der Welt ergibt. Nietzsche zeichnet ein Jesusbild, das an einen kindlichen Buddha erinnert, in dessen Realitätsflucht und Absage an jede Form von Feindseligkeit sich schon seine Sendung erfüllt. »Was heißt ›frohe Botschaft‹? Das wahre Leben, das ewige Leben ist gefunden, – es wird nicht verheißen, es ist da, es ist *in euch*: als Leben in der Liebe, in der Liebe ohne Abzug und Ausschluß, ohne Distanz. Jeder ist das Kind Gottes.«[18] Jesus verkündigt in Nietzsches Darstellung einen Glauben, der frei von jeglicher Fixierung ist, von inhaltlichen Dogmen, von Lohn, Strafe und Angst. »Er selbst ist jeden Augenblick sein Wunder, sein Lohn, sein Beweis, sein ›Reich Gottes‹.«[19] Während der Titel der Schrift vermuten läßt, daß sich Nietzsche selbst als den »Antichristen« begreift, belehren die dem bis dato offensichtlich mißverstandenen Jesus gewidmeten Aphorismen darüber, daß Nietzsche in Jesus einen, wenn nicht gar *den* »Antichristen« erblickt. Jedenfalls sieht sich Nietzsche in einer Nachfolge Jesu, den er nicht zufällig einen »freien Geist«[20] nennt. Die unter dem Ausbruch der Krankheit im Januar 1889 erfolgte Selbstidentifikation Nietzsches mit dem »Gekreuzigten«[21] mutet so weniger als Ausdruck puren Wahnsinns an, sie könnte vielmehr ein radikaler Schritt in der »Logik« seiner Lobreden auf Jesus sein. Doch dieses von Jesus gelebte Christentum ist ein reines Ideal. Seine wirkliche, empirische Geschichte schaut, Nietzsche zufolge, anders aus. »Das Wort schon ›Christentum‹ ist ein Mißverständnis −, im Grunde gab es nur einen Christen, und der *starb* am Kreuz. Was von diesem Augenblick an ›Evangelium‹ heißt, war bereits der Gegensatz dessen, was er gelebt: eine ›*schlimme* Botschaft‹, ein Dysangelium.«[22] Jesus wird für Nietzsche auf dieser Ebene des Diskurses zum Einwand gegen die Geschichte der Christenheit. »Die Kirche gehört so gut zum Triumph des Antichristlichen, wie der moderne Staat, der moderne Nationalismus... Die Kirche ist die Barbarisierung des Christentums.«[23] Diese Tendenz sieht Nietzsche in der Öffnung begründet, die Paulus gegenüber dem Proletariat (Nietzsche nennt es schlicht Pöbel) der Antike vollzog.

Die Problematik der hier von Nietzsche vorgelegten Thesen in ihren Voraussetzungen und Konsequenzen liegt auf der Hand und bedürfte einer eingehenderen

Diskussion.[24] Doch dies kann im Rahmen dieser knappen Einleitung in die Person und das Schaffen Friedrich Nietzsches nicht geleistet werden, sie soll vielmehr nur einige überblickhafte Informationen zu seiner Philosophie geben, die zum Verständnis der inhaltlichen Auseinandersetzung mit Friedrich Nietzsche in den Beiträgen dieses Bandes als Orientierung dienen können.

[1] Vgl. hierzu exemplarisch Karl-Heinz Bohrer, Mythos und Moderne, Frankfurt 1983.

[2] Friedrich Nietzsche, Werke. Kritische Gesamtausgabe, hrsg. von Giorgio Colli und Mazzino Montinari, Berlin und New York 1967 ff.

[3] Schon der erste Versuch einer Gesamtdarstellung der Philosophie Nietzsches reflektiert in seinem Titel den engen Zusammenhang von Leben und Werk: Lou Andreas-Salomé, Friedrich Nietzsche in seinen Werken, Wien 1894.

[4] Nach wie vor eine der besten Darstellungen des Verhältnisses von Nietzsche zu Wagner und dessen Frau Cosima bietet D. Fischer-Dieskau, Wagner und Nietzsche, München 1979; vgl. hierzu ferner: M. Montinari, Nietzsche und Wagner vor hundert Jahren, in: Nietzsche-Studien 7 (1978) 288 ff., K. Hildebrandt, Wagner und Nietzsche, Breslau 1924.

[5] Nietzsche, Nietzsche contra Wagner, in: Werke II, ed. K. Schlechta, S. 1047 u. S. 1054.

[6] ders., Ecce Homo. Wie man wird, was man ist, a. a. O., S. 1072.

[7] K. Jaspers, Nietzsche und das Christentum, München 1947, S. 9.

[8] An einigen Stellen seines Werks gibt er Auskunft über diesen Sachverhalt. So schreibt er z. B. im Jahr 1881 dem Freund Peter Gast in Venedig über sein Verhältnis zum Christentum: »Es ist doch das beste Stück idealen Lebens, welches ich wirklich kennengelernt habe: von Kindesbeinen an bin ich ihm nachgegangen, und ich glaube, ich bin nie in meinem Herzen gegen dasselbe gemein gewesen.«

[9] ders., Antichrist, a. a. O., S. 1176.

[10] a. a. O., S. 1212.

[11] a. a. O., S. 1217.

[12] ders., Aus dem Nachlaß der Achtziger Jahre, Werke III, ed. Schlechta, S. 773.

[13] a.a.O.

[14] Antichrist, a.a.O., S. 1178.

[15] a.a.O., S. 1192.

[16] a.a.O., S. 1191.

[17] a.a.O., S. 1193.

[18] a.a.O., S. 1191.

[19] a.a.O., S. 1194.

[20] a.a.O.

[21] So in den Briefen an P. Gast und G. Brandes vom 4.1.1889.

[22] Antichrist, S. 1200.

[23] ders., Aus dem Nachlaß der Achtziger Jahre, a.a.O., S. 641.

[24] Vgl. hierzu meinen Aufsatz Nietzsches »Fluch auf das Christentum«, in: Stimmen der Zeit 199 (1981) 398 – 408, der diese Diskussion aufnimmt.

Jörg Salaquarda

NIETZSCHES KRITIK
DER TRANSZENDENTALPHILOSOPHIE

1

In philosophische Gedanken »einzuführen« ist in jedem
Fall ein zweifelhaftes Unternehmen. Muß es sich doch
darauf beschränken, Hauptlinien und Ergebnisse vorzu-
stellen, wo in Wirklichkeit ein vielschichtiges Geflecht
von Beziehungen vorliegt, und wo die Antworten immer
zugleich neue Fragen aufwerfen. Doch einer Einführung
in »die Philosophie Friedrich Nietzsches« stehen darüber
hinaus zusätzliche Schwierigkeiten entgegen. Art und
Vielfalt von Nietzsches Schriften und Aufzeichnungen
verwehren es, sein Denken auf einen einheitlichen Nen-
ner zu bringen – und zudem hat er selbst verschiedentlich davor gewarnt, so etwas zu versuchen. Wenn man
trotzdem eine Art Vereinheitlichung und Systematisie-
rung anstrebt – *jede* Darstellung tut das bis zu einem
gewissen Grad –, dann muß man zumindest die zentralen Probleme in Rechnung stellen, so die Entwicklung
von Nietzsches Denken und die Frage, ob es wirklich so
deutlich von einander unterscheidbare »Phasen« durch-
laufen hat, wie oft behauptet wird; so die Verschiedenar-
tigkeit der Themen, die der Philosoph in seinen Schriften
behandelt, und die unterschiedlichen literarischen Mit-
tel, deren er sich dabei bedient hat; so das Verhältnis
von veröffentlichtem Werk und Nachlaß (wobei auch
die Briefe nicht vergessen werden dürfen); so die Zuord-

nung von Nietzsches Werk zur philosophischen Tradition. Ich werde diese Punkte hier nicht ausdrücklich diskutieren[1], aber doch im Zuge meiner Darstellung gelegentlich zu ihnen Stellung nehmen, wenn es sich von der Sache her nahelegt.

Meine Einführung orientiert sich an Nietzsches Aufnahme der Transzendentalphilosophie und an seiner Auseinandersetzung mit ihren Grundannahmen, die – wie ich zeigen möchte – sein eigenes Denken entscheidend beeinflußt haben. Es geht mir darum, Nietzsches philosophischen Entwurf in Umrissen so zu entwickeln, wie er meiner Meinung nach auch heute argumentativ vertreten werden kann.

Nietzsches Philosophie ist als »existentieller Experimentalismus« gekennzeichnet worden[2]. Dem ist zuzustimmen, ebenso der These, daß Nietzsche kein Irrationalist gewesen ist, sondern – im Gegenteil – ein Anwalt kritischer Rationalität. Allerdings bedürfen diese Thesen einer Ergänzung bzw. einer Fundierung. So entschieden Nietzsche für kritisches Denken, Rationalität, Aufklärung etc. eingetreten ist, so wenig ist er ein Rationalist oder gar ein vorkritischer Aufklärer gewesen. Er war für die vor- und außerrationalen Komponenten des Menschen so wenig blind und er hat sie so überzeugend beschrieben, daß er von vielen geradezu als ein Gegner der Vernunft aufgefaßt worden ist. Das Wahrheitsmoment dieser irrigen Auffassung liegt darin, daß Nietzsche von früh an nicht bei der Vernunft, sondern beim lebendigen, existierenden Menschen in seiner Ganzheit angesetzt hat. In seinem reifen Werk ist er mehr und mehr zum Anwalt eines bestimmten Menschentyps geworden, den er mit Wendungen wie »Wohlgeratenheit«, »Stärke«, »Gesundheit« etc. zu bezeichnen suchte. Noch Nietzsches berühmt-berüchtigter »Übermensch«

muß als eine Steigerung und Verdichtung dieser Art von Mensch angesehen werden. Die Kräfte der Vernunft wurden von Nietzsche deswegen so hoch geschätzt, weil sich »Stärke« seiner Einsicht nach vor allem in kritischer Rationalität ausdrückt. Sie läßt sich daran messen, inwieweit ein Mensch bereit und fähig ist, seine Überzeugungen in Frage zu stellen und gegebenenfalls zu überwinden. Mit Sokrates und Plato, und in dieser Hinsicht auch in Einklang mit Schopenhauer, lehrt Nietzsche einen Vorrang des Seins; Denken und Handeln sind diesem gegenüber sekundär.

Man kann einige verbreitete Mißverständnisse von Nietzsches Denken von vorneherein vermeiden, wenn man sich das Schema vergegenwärtigt, das seinen Äußerungen über den Menschen im allgemeinen, über bestimmte Gruppen oder Typen von Menschen, und schließlich über einzelne Menschen, vor allem über die großen Künstler, Philosophen und Religionsstifter zugrundeliegt: Dem wohlgeratenen Menschen kontrastiert der dekadente, und der kritischen Rationalität steht Flucht in den Irrationalismus entgegen. Dieses Schema erlaubt es, vier Grundtypen von einander zu unterscheiden. Nietzsches Ideal ist der wohlgeratene Mensch, der zugleich rational ist. Seine Urteile über Menschen und Menschentypen erklären sich aus deren Nähe und Ferne zu diesem Ideal. Am konsequentesten abgelehnt, ja bekämpft hat Nietzsche die Mischung aus décadence und Irrationalität, die seiner Meinung nach im Christentum und in vielen der »modernen Ideen« am Werk ist. Dagegen hat er eine décadence, die doch für Aufklärung und Rationalität eintritt, als respektablen Gegner angesehen und mit Achtung bekämpft — seine Symbolfigur für diesen Grundtypus war Sokrates. Die mit Irrationalismus verbundene Stärke hat Nietzsche als eine Art Vorform des wirklich großen Menschen angesehen – seine zwiespältigen Äußerungen über »die blonde Bestie«, über Cesare Borgia und über andere »Gewalt«menschen werden daraus verständlich.

Gefragt, was denn Menschsein überhaupt und die verschiedenen Konkretionen des Menschseins im besonderen letztlich ausmache, hat Nietzsche später geantwortet: Wille zur Macht bzw. eine bestimmte Konkretion der Machtwillen. Eine solche Antwort scheint sich schlecht mit kritischer Rationalität und Transzendentalphilosophie vereinbaren zu lassen. Doch man kann sie als eine Konsequenz aus dem Kritizismus auffassen, und wenn man sie im Zusammenhang der Entwicklung von Nietzsches Denken sieht, muß man das meiner Meinung nach sogar. Der Begründung und Veranschaulichung dieser Behauptung dienen die folgenden Darlegungen.

2

Nietzsches erstes großes philosophisches Erlebnis ist bekanntlich nicht das Werk Kants, sondern das Schopenhauers gewesen. Er hat daher die Problemstellung der Transzendentalphilosophie zuerst und grundlegend mit den Augen Schopenhauers gesehen. Vor Kants kritischen Schriften hat er Schopenhauers, als Anhang zu »Die Welt als Wille und Vorstellung« veröffentlichte »Kritik der Kantischen Philosophie« gelesen. Freilich hielt Nietzsches Schopenhauer-Begeisterung nur kurze Zeit an. Nicht einmal ein Jahr später hat er ein anderes philosophisches Buch »entdeckt« und gründlich gelesen, das für den hier interessierenden Zusammenhang wichtig ist, nämlich Langes »Geschichte des Materialismus«. Von da an hat er Kant *und* Schopenhauer mit Hilfe des Langeschen Modells interpretiert, das dem Neukantianismus präludierte.[3] Später hat Nietzsche auch einiges von Kant selbst gelesen, wenn er auch dessen kritische Hauptwerke nie eingehend studiert hat. Nietzsche ist auch nicht einfach bei der Position Langes stehengeblieben, hat diese vielmehr später auch kritisiert. Aber zu einer Revision seines durch Schopenhauer und Lange vermittelten Verständnisses der Transzendentalphilosophie hat das nicht geführt.

Daß Nietzsche die Probleme und Möglichkeiten transzendentalen Denkens zuerst durch »Die Welt als Wille und Vorstellung« kennengelernt hat, ist insofern von Bedeutung, als Schopenhauer den Kritizismus in zentralen Aspekten anders gefaßt hat als Kant. Zwar hat er sich in der Grundauffassung der apriorischen Strukturen unseres Erkenntnisvermögens der »Kritik der reinen Vernunft« angeschlossen, deren komplexe Deduktionen aber radikal vereinfacht, dazu die Kategorien auf die eine Kategorie der Kausalität reduziert, »Verstand« und »(theoretische) Vernunft« anders definiert und zueinander in Beziehung gesetzt als Kant etc. Aber noch deutlicher sind die Unterschiede in der Auffassung des »Dings an sich«. Kant hatte in Auseinandersetzung mit der rationalen Metaphysik der deutschen Aufklärung und in Aufnahme der Kritik des englischen Empirismus die Leistungsfähigkeit und die Grenzen des menschlichen Erkennens auszuloten gesucht. Er war zu dem Schluß gekommen, daß unsere Verstandes- und Vernunfttätigkeit nur dann gültige Erkenntnisse der Welt liefern kann, wenn ihr zuvor bestimmte Daten sinnlich, d.h. in Raum und Zeit wahrnehmbar gegeben werden. Aber daß es eine »noumenale«, an sich selbst seiende Welt gibt, daran hat Kant nicht gezweifelt, was insbesondere durch seine praktische Philosophie deutlich wird. Wenn die für uns Menschen wichtigen »Bereiche« der noumenalen

Welt — die Möglichkeit des »höchsten Guts«, die Existenz Gottes, die Fortdauer der vernünftigen Persönlichkeit über den empirischen Tod, die Wirklichkeit der Freiheit — für die theoretische Vernunft auch problematische Größen bleiben, so lassen sie sich im Sinne des Kritizismus doch mit den empirischen Gegebenheiten vereinbaren und insofern ohne Widerspruch denken. Sollten sie notwendige Bedingungen bzw. Konsequenzen sittlichen Handelns sein — und genau dies ist Kants These — dann ist der der sittlichen Forderung Gehör schenkende Mensch berechtigt, ihre Wirklichkeit zu postulieren, d.h. sie in seinem Handeln als gegeben vorauszusetzen.[4]

Schopenhauer hat Kants Unterscheidung von Ding an sich und Erscheinung zwar aufgenommen, und er hat sie sogar als wesentliche Errungenschaft seines großen Vorgängers bezeichnet[5]. Aber indem er sie von einem anderen Problemhorizont aus in den Blick nahm, veränderte er sie grundlegend. Ein Ding an sich »vor« oder »über« den Erscheinungen galt ihm als ein Unding. Seiner Meinung nach ist das Ding an sich nur in und mit der Erscheinung gegeben — als deren selbst nicht erscheinender Kern. Das ist zweifellos eine elegante Lösung, die bestimmte Schwierigkeiten der Kantischen Position umgeht: die Frage der »Beziehung« von Ding an sich und Erscheinungen, die problematische Unterscheidung von noumena im positiven und im negativen Verstande, die spekulative Ausgestaltung des »Freiraums« in der praktischen Philosophie etc. Schopenhauer selbst identifizierte das, was er als Ding an sich verstand, in einem noch näher zu erläuternden Sinne mit dem *Willen*. In dieser Form hat Nietzsche das Problem kennengelernt und rezipiert:

32

*Der grundlos erkenntnißlose Wille offenbart sich, un-
ter einen Vorstellungsapparat gebracht, als Welt.*[6]

Für Schopenhauer ist die Welt, an sich genommen,
Wille; für uns, d. h. von dem menschlichen Vorstellen
erfaßt, ist sie, allgemein gesprochen, Materie; und als je
besondere Erscheinung in der Welt ist sie so oder so
geformte Materie.[7] Diese These gibt Schopenhauers
Denken einen realistischen, ja geradezu materialistisch
anmutenden Anstrich, worauf Horkheimer und A.
Schmidt zurecht hingewiesen haben.[8] In Nietzsches
Denken kommt diese Komponente ebenfalls zur Geltung. Man muß aber festhalten, daß der Grundansatz
beider Denker *nicht* materialistisch ist, schon gar nicht
in einem vorkritischen Sinne. Schopenhauer wollte auf
seine Weise die von Kant betonte Vereinbarkeit von
»empirischem Realismus« und »transzendentalem Idealismus« zur Geltung bringen, wobei er freilich, wie
Kant vor ihm, den materialen Idealismus viel entschiede-
ner bekämpft als den Materialismus: während dieser
empirisch berechtigt ist und nur durch die transzendentale Grundansicht ergänzt zu werden braucht, ist jener
schlechthin falsch.[10] In Schopenhauers bekanntem
»Hirnparadoxon« hat diese Bevorzugung des Materialismus einen zugespitzten Ausdruck gefunden:

*Daß der Kopf im Raume sei, hält ihn nicht ab, einzu-
sehn, daß der Raum doch nur im Kopfe ist.*[11]

Dies deutet auf eine für das endliche menschliche
Erkennen unübersteigbare Schranke, auf eine Voraussetzung, die es nicht beiseite lassen kann, ohne aufzuhören, überhaupt Erkenntnis zu sein. Die Subjekt-Objekt-
Relation ist das Urphänomen, innerhalb dessen Er-

kenntnis spielt. Wenn sie versucht, eines der beiden auf das andere zurückzuführen oder aus ihm abzuleiten, zerstört sie die Voraussetzung, die sie selbst möglich macht und wird willkürlich — »dialektisch« im Sinne von Kants erster Kritik. Ich muß mich nach Schopenhauer daher mit der Einsicht begnügen, daß Gehirn und Erkennen nur zusammen vorkommen. Eben das, was sich in der Innenperspektive als Intellekt mit seinen für die Erscheinungswelt konstitutiven und insofern apriorischen Prinzipien darstellt, erscheint für die Außenperspektive materialisiert als Kopf oder Gehirn.[12]

Dieses Modell der Bescheidung auf den Aufweis einer für das Erkennen konstitutiven und daher für dieses nicht hinterfragbaren Schranke scheint mir im Grundsätzlichen richtig zu sein; es läßt sich argumentativ gegen idealistische wie materialistische Reduktionismen gut verteidigen.[13] Es ist seiner Struktur nach kritizistisch. Allerdings weist Schopenhauers eigene Ausdeutung dieses Modells ein Problem auf: zumindest an einer Stelle soll der selbst nicht erscheinende Grund aller Erscheinungen doch erfahrbar sein. In der Identifizierung des Dings an sich mit dem Willen wird einem empirisch Gegebenen metaphysische, überempirische Dignität zugesprochen. Schopenhauer formuliert zwar an den entscheidenden Stellen seines Werks[14] sehr vorsichtig: sobald wir etwas erkennen, ist dies Vorstellung, das gilt auch für die »unmittelbare« Erfahrung unseres Wesenskerns. Indem ich mich selbst als Streben, Wille erfasse, komme ich zwar dem Ansich so nahe wie nur möglich, aber ich erreiche es doch nur indirekt, nämlich über eine Vorstellung von ihm. Aber Schopenhauer hat hier gleichwohl den Übergang vollzogen und ihn immer wieder verteidigt. Sein wichtigstes Argument läuft freilich darauf hinaus, daß das Erfassen des Dings an sich entwe-

34

der hier — in der unmittelbaren Selbsterfahrung — möglich ist oder nirgends.

Die Alternative »oder nirgends« bleibt freilich überzeugender. Ich kann zwar jederzeit von einer gegebenen Erscheinung ein ihr zugrundeliegendes Wesen abstrahieren; aber indem ich dieses erfasse, wird es selbst zu Erscheinung, von der ich erneut ein Wesen abheben kann, usw.[15]. Es entspräche der Bescheidung hinsichtlich der unhintergehbaren Voraussetzung des Erkennens, sich auch in diesem Punkt damit zufrieden zu geben, daß wir es mit einer Reihe von Erscheinungen zu tun haben, von denen jeweils eine zeitweilig die Rolle des Wesens oder des Ansich übernimmt. Eine derartige Kritik an Schopenhauer hat Nietzsche schon sehr früh formuliert. Er notierte sich, daß alle Prädikate, die Schopenhauer dem Willen beigelegt hat,

... sammt und sonders unzertrennlich mit unserer Organisation verknüpft [sind], so daß es völlig zweifelhaft ist, ob sie außerhalb der menschlichen Erkenntnisphäre überhaupt eine Bedeutung haben.[16]

Der Duktus dieser Argumentation und vor allem die Wendung »unsere Organisation« lassen erkennen, daß Nietzsche in dieser Kritik an Schopenhauer (und indirekt an Kant) Fr. A. Lange folgt, dessen »Geschichte des Materialismus« er inzwischen gelesen und begeistert begrüßt hatte.[17] Nach seiner ersten Lektüre hat er folgende Ergebnisse hervorgehoben:

1) Die Sinnenwelt ist das Produkt unserer Organisation.

2) Unsere sichtbaren (körperlichen) Organe sind gleich allen anderen Teilen der Erscheinungswelt nur Bilder eines unbekannten Gegenstandes.

3) Unsere wirkliche Organisation bleibt uns daher ebenso unbekannt wie die wirklichen Außendinge. Wir haben stets nur das Produkt von beiden vor uns.

Lange bezweifelte den Vorrang der Innenperspektive, demzufolge Schopenhauer hoffen konnte, auf diesem Weg näher an den Kern der Dinge heranzukommen. Nietzsche ist ihm darin gefolgt; die Folgerung aus diesem Zweifel faßte er in einem Lange-Zitat zusammen:

Also, das wahre Wesen der Dinge, das Ding an sich, ist uns nicht nur unbekannt, sondern es ist auch der Begriff desselben nicht mehr und nicht weniger als die letzte Ausgeburt eines von unsrer Organisation bedingten Gegensatzes, von dem wir nicht wissen, ob er außerhalb unsrer Erfahrung irgend eine Bedeutung hat.[18]

Auch wenn sich diese Argumentation gegen Schopenhauer richtet, kann man sie doch als eine Radikalisierung von dessen Verständnis der Transzendentalphilosophie auffassen. »Unsere Organisation« setzt unserem Erkennen nicht nur eine nicht überschreitbare Grenze, insofern dieses nicht hinter die Subjekt-Objekt-Relation zurückkann; sondern sie bedingt auch noch den Gedanken, daß es überhaupt so etwas wie ein Ding an sich gibt. So wie wir nun einmal sind, können wir es zwar nicht vermeiden, in derartigen Entgegensetzungen zu denken; aber in Radikalisierung der kritizistischen Zergliederung unseres Erkenntnisvermögens können wir zu der Einsicht vordringen, daß wir damit vermutlich nur die Grundstruktur unseres Seins formulieren, nicht eine Erkenntnis über etwas außer uns objektiv Gegebenes gewinnen.[19]

Lange hat bewußt dort von »unserer Organisation« gesprochen, wo in der »Kritik der reinen Vernunft« von

Denk- oder Erkenntnisvermögen die Rede ist. [20] Er zielte damit nicht auf eine Psychologisierung oder gar auf eine Biologisierung der apriorischen Strukturen, besonders der Kategorien ab, im Gegenteil: es war ihm um eine Kritik an allen psychologischen, besser: empirisch-psychologischen Kantinterpretationen zu tun. Während diese nämlich die Kategorien als je besondere Fähigkeiten oder Vermögen auffaßten, die als solche die Ursache für bestimmte Erkenntnisleistungen seien, hielt Lange ganz im Sinne Kants daran fest, daß sie nur die »objektiv gedachte Möglichkeit dieser bestimmten Tätigkeit« bezeichneten. Zwar habe sich, so Lange, Kant ziemlich unvorsichtig der Terminologie der sogenannten Vermögenspsychologie bedient, aber er habe etwas anderes im Blick gehabt. Nietzsche ist bedauerlicherweise in diesem Punkt seinem Gewährsmann nicht gefolgt. Während er im Durchdenken des Problems und in den Folgerungen, die er für sein eigenes Denken daraus zog, durchaus differenziert und vorsichtig blieb, hat er Kant später massiv vorgehalten, in die Naivitäten der Vermögenspsychologie zurückgefallen zu sein:

Man hatte geträumt: voran und zuerst — der alte Kant. »Vermöge eines Vermögens« — hatte er gesagt, mindestens gemeint. Aber ist denn das — eine Antwort? Eine Erklärung? Oder nicht viel mehr nur eine Wiederholung der Frage? [21]

In der Tat — es wäre eine bloße Wiederholung der Frage gewesen. Nur daß Nietzsche hierin im Unterschied zu Lange Kant mißverstanden hat.

Lange hatte noch einen anderen Grund, die Wendung »unsere Organisation« zu bevorzugen. Wie Schopenhauer — den er freilich nicht schätzte und dessen Bedeutung er wohl zu gering veranschlagt hat [22] — ging es ihm darum, die Einheitlichkeit des Menschen zu betonen. Der Mensch ist nicht »Bürger zweier Welten«, in dem zwei (oder mehr) unterschiedliche Prinzipien um die Vorherrschaft kämpfen. Er ist ein in sich einheitliches Seiendes, das freilich, je nach Betrachtungsweise, verschiedene Aspekte darbietet, vor allem einen psychischen Innen-Aspekt und einen physischen Außen-Aspekt. Wie Schopenhauer Wille und Leib, Intellekt und Gehirn mit Hilfe des Modells Ding an sich und Erscheinung miteinander identifizierte und zugleich perspektivisch voneinander unterschied, so Lange (und, ihm folgend, Nietzsche) apriorische Strukturen und ihre jeweilige physische Repräsentanz. Man darf jene nicht von diesen ableiten, wie es der (dogmatische) Materialismus versucht, aber diese sind auch nicht, im Sinne des Idealismus, das bloße Anderssein jener, denen damit die ontologische Priorität zugesprochen wäre.[23] Isoliert man die folgende Äußerung Langes, dann ist ein materialistisches Mißverständnis fast unvermeidlich:

Die Physiologie der Sinnesorgane ist der entwickelte oder der berichtigte Kantianismus, und Kants System kann gleichsam als ein Programm zu den neueren Entdeckungen auf diesem Gebiete betrachtet werden.[24]

Aber im Kontext von Langes Neukantianismus ist dies ein Plädoyer für einen Ansatz beim Menschen, dessen Psyche physisch fundiert ist und dessen Physis Psychisches ausdrückt. Lange verweist in diesem Zusammenhang auf Helmholtz, der ja auch kein Materialist gewesen ist: seine sinnesphysiologischen Untersuchungen stehen unter der Prämisse, daß auch das Auge Vorstellungscharakter hat. Vermag die physiologische Forschung z.B. die physischen Bedingungen der Raumvorstellung herauszuarbeiten, so bleibt sie sich in der Nachfolge Kants der Tatsache bewußt, daß das von ihr thematisierte Auge mit seinen Nervenbahnen etc. selbst räumlich geformte Vorstellung ist. Auch hier gilt also: unser Erkennen vermag nur das Zusammenvorhandensein von beidem zu konstatieren; es kann nicht reduktionistisch hinter dieses Urphänomen zurückgelangen.

Nietzsche hat in seinem Denken deutlich an diese Position angeknüpft. Vieles von seinen diesbezüglichen Überlegungen ist Nachlaß geblieben; aber sein Versuch, »am Leitfaden des Leibes« zu denken, reicht auch ins veröffentlichte Werk hinein, zumindest als Programm.[25] Entscheidend ist auch dabei, daß man den Hintergrund beachtet, von dem her Nietzsche in diesen Bahnen denkt. Er will gerade nicht reduktionistisch Geistiges auf Leibliches zurückführen, sondern methodisch mit Hilfe des deutlicheren und leichter zugänglichen Außenaspekts auch den Innenaspekt erfassen.

In Auseinandersetzung mit Kant hat Lange noch ein weiteres Moment betont, das für Nietzsches Radikalisierung des transzendentalen Gedankens wichtig geworden ist. Aus der Tatsache, daß Menschen zu einer bestimmten Zeit etwas als a priori wahr annehmen, folgt nach Langes Einsicht durchaus nicht notwendig, daß es auch a priori wahr ist. Wahrheit wird keineswegs durch (subjektive) Gewißheit bzw. durch das Bewußtsein von Notwendigkeit garantiert. Diese später vom Kritischen Rationalismus gegen transzendentale Begründungsversuche ins Treffen geführte Einsicht hat Nietzsche übernommen und zeitlebens mit großem Nachdruck vertreten – bis hin zu der polemischen These, daß »Überzeugungen... gefährlichere Feinde der Wahrheit [sind], als Lügen«.[26]

3

Nietzsche hat »Die Welt als Wille und Vorstellung«
zuerst im Herbst 1865 gelesen und die »Geschichte des
Materialismus« im Sommer 1866 – Jahre vor dem Erscheinen seiner ersten philosophisch relevanten Schrift
(»Die Geburt der Tragödie«, 1872). Ich bin auf diese
Zusammenhänge hier deswegen so ausführlich eingegangen, weil man in vielen Nietzsche-Darstellungen,
zum Teil bis heute, mit der Behauptung konfrontiert
wird, Nietzsche habe erst nach Überwindung seiner an
Schopenhauer und Wagner orientierten Jugendmeta-
physik, also etwa ab 1876 (öffentlich erst ab 1878, mit
dem Erscheinen von »Menschliches, Allzumenschliches«), eine kritische Position bezogen. Das ist offenkun-
dig falsch, und der wirkliche Sachverhalt wird vollends
verdunkelt, wenn hinzugefügt wird, Nietzsche habe im
Zuge dieser Neuorientierung die Metaphysik einfach
verworfen und sich unkritisch an den positiven Wissenschaften orientiert. Auch wenn es eine Vereinfachung
ist, so wird es doch Nietzsches Intentionen viel mehr
gerecht, wenn man sein Denken als einen radikalen
Kritizismus im Gefolge Kants, Schopenhauers und Langes versteht. Nietzsches Frühschriften widersprechen
dieser Auffassung durchaus nicht. Ich gehe hier nicht
näher auf sie ein, möchte aber erwähnen, daß Nietzsche
bei ihrer Abfassung an Langes »Standpunkt des Ideals«
orientiert war, demzufolge eine kritizistische Einstellung
und »Begriffsdichtung« einander nicht nur nicht widersprechen, sondern geradezu gegenseitig fordern.[27]
Außerdem ist bei genauerem Zusehen die kritizistische
Tendenz auch in den Frühschriften mehr oder minder
deutlich präsent, z. B. in »Vom Nutzen und Nachtheil
der Historie für das Leben«.[28]

Zu Beginn von »Menschliches, Allzumenschliches« fordert Nietzsche programmatisch eine »Chemie der Begriffe und Empfindungen«[29], und er kennzeichnet diese als ein dialektisches Vorgehen: sie werde danach fragen, wie etwas aus seinem Gegenteil hervorgehen könne,

> ... *zum Beispiel Vernünftiges aus Vernunftlosem, Empfindendes aus Todtem, Logik aus Unlogik, interesseloses Anschauen aus begehrlichem Wollen, Leben für Andere aus Egoismus, Wahrheit aus Irrthümern.*

Als Gegner dieses Vorgehens bezeichnet Nietzsche ganz allgemein »die metaphysische Philosophie«, zu der er an dieser Stelle auch die Kantische rechnet. Läuft sein Denken dann nicht doch auf einen (reduktionistischen) Materialismus hinaus? Wenn man den näheren Kontext, d.h. das erste Hauptstück von »Menschliches, Allzumenschliches« berücksichtigt, dann verschwindet dieser Anschein. Man muß auch in Rechnung stellen, daß Nietzsche mit Schopenhauer, Lange und vielen anderen vor allem an die praktische Philosophie Kants denkt, wenn er gegen diesen den Metaphysik-Vorwurf erhebt. An die kritizistische Tradition knüpft Nietzsche dagegen positiv an:

> *Bei allen wissenschaftlichen Feststellungen rechnen wir unvermeidlich immer mit einigen falschen Größen: aber weil diese Größen wenigstens* constant *sind, wie zum Beispiel unsere Zeit- und Raumempfindungen*[30]*, so bekommen die Resultate der Wissenschaft doch eine vollkommene Strenge und Sicherheit in ihrem Zusammenhange mit einander; man kann auf ihnen fortbauen − bis an jenes letzte Ende, wo die irrthümliche Grundannahme, jene constanten Fehler, in Widerspruch mit den Resultaten treten,*

zum Beispiel in der Atomenlehre. Da fühlen wir uns immer noch zu der Annahme eines »Dinges« oder stofflichen »Substrats«, das bewegt wird, gezwungen, während die wissenschaftliche Procedur eben die Aufgabe verfolgt hat, alles Dingartige (Stoffliche) in Bewegung aufzulösen. [31]

Wie viele Naturwissenschaftler seiner Zeit, etwa Faraday, hat Nietzsche, letztlich angeregt durch R. Boscovich, die Existenz von letzten »Bausteinen« der Materie, also von »Atomen« geleugnet. Gerade sie seien Vorstellungsprodukte, d. h. der konstante, sozusagen apriorisch gewordene Irrtum unseres Erkennens grenzt sie aus dem ständigen Fluß des Werdens aus, um derartig überhaupt etwas zugänglich, berechenbar und verfügbar zu machen. Insofern gebe es, wie Nietzsche später bemerkt hat, gar »keine Tatsachen, sondern nur Interpretationen« [32].

Damit dürfte vollends deutlich geworden sein, daß Nietzsche nicht in eine vorkritische Position zurückfällt. Er ist kein Materialist, aber er bedient sich oft einer weitgehend materialistischen Methode. Umgekehrt bedeutet seine Berufung auf »Interpretationen« als Letztgegebenheiten keine Option für einen subjektiven Idealismus. Nach Nietzsches Theorie erzeugt nicht das Vorstellen oder Interpretieren des menschlichen Subjekts bzw. einer Gruppe von Subjekten, aus sich die Welt. Vielmehr vollzieht sich »die Welt«, besser: das Weltspiel immer schon als Interpretieren. Auch »Ich«, »Subjekt«, »Mensch« etc. sind keine letzten unauflöslichen Einheiten, genausowenig wie das Atom; auch sie sind zeitweilige, perspektivisch herausgestellte Vorstellungsprodukte, die konstitutiv zum Weltspiel dazugehören, von dessen Art sind, d. h. sich im Werden befinden.

Nietzsches Kritizismus, wie er literarisch spätestens seit »Menschliches, Allzumenschliches« greifbar ist, wird durch die Wendung »Chemie der Begriffe und Empfindungen« gut gekennzeichnet. Er ist eine kritische Untersuchung von Vorstellungen bzw. Interpretationen, die sich, im Unterschied zum Kantischen Kritizismus durch folgende vier Punkte näher bestimmen läßt:

a) Nietzsche bezieht sich nicht auf das menschliche Erkenntnis»vermögen«, um die Bedingungen von dessen Möglichkeit und der Gültigkeit seiner Erkenntnisse aufzuweisen, sondern auf die menschliche »Organisation«, d. h. auf die psychisch-physische Einheit Mensch. Seine methodische Voraussetzung lautet, daß psychische bzw. physische Vorgänge nicht wechselseitig auseinander abgeleitet werden können, daß sie aber innerlich zusammengehören und dementsprechend nur zusammen »vorkommen«. Daher ist es methodisch legitim, aus leiblichen Symptomen auf seelische Vorgänge zu schließen und vice versa.[33] Aus diesem Verständnis erklären sich Nietzsches Bemühungen um biologische, physiologische und psychologische Erforschung des Menschseins.

b) Nietzsche geht davon aus, daß die menschliche »Organisation«, so wie sich uns heute darbietet, im Verlauf einer Evolution geworden ist und auch weiterhin Veränderungen unterworfen ist. Dabei seien auch (scheinbare) Gegensätze auseinander hervorgegangen, allerdings *nicht*: Geistiges aus Leiblichem oder umgekehrt, sondern je Geistig-Leibliches, bzw. Interpretation und ihre physische Repräsentanz, aus anderem, früherem Geistig-Leiblichen. Bei der Auslegung des ersten Aphorismus von »Menschliches, Allzumenschliches«, der mitunter im Sinne eines Reduktionismus verstanden worden ist, muß man daher auch die folgende Wendung beachten:

Die historische Philosophie[34] *..., welche gar nicht mehr getrennt von den Naturwissenschaften zu denken ist ..., ermittelt in einzelnen Fällen ..., dass es keine Gegensätze sind, ausser in der gewöhnlichen Übertreibung der populären oder metaphysischen Auffassung ...*

Vor allem in seinem Spätwerk hat Nietzsche dieses Vorgehen zu seinen umstrittenen »Genealogien« ausgebaut, d. h. zu historisch-psychologischen – heute würde man sagen: ideologiekritischen[35] – Analysen. Diese versuchen das Interesse zu rekonstruieren, aus dem bestimmte Vorstellungen erwachsen sind, dann ihre Entwicklungen, d. h. Veränderungen, Umbiegungen, Einverleibungen etc. zu verfolgen. Tiefgründigen, für die Folgezeit überaus einflußreichen Einsichten (besonders auf dem Felde der Ethik) stehen dabei problematische Ergebnisse entgegen.[36]

c) Nietzsche rechnet nicht nur – wie es Lange vor ihm getan hat – mit der Möglichkeit, daß sich einige zeitweilig für a priori gehaltene Vorstellungen später als aposteriorisch herausstellen, daß sie sozusagen »Irrtümer a priori« gewesen sind.[37] Vielmehr galten ihm *alle* apriorischen Vorstellungen als einverleibte Irrtümer, insofern sie eine Welt des Seienden imaginieren, während es »in Wahrheit«[38] nur Werden, nur das Spiel der Interpretationen gibt.[39]

Diese Auffassung drängte Nietzsche zu einer skeptischen Grundhaltung. Er spricht früh von einem »*muthmasslichen Sieg der Skepsis*«[40], wobei er freilich zunächst nur an Zurückhaltung gegenüber den Behauptungen einer dualistischen Metaphysik dachte. Soweit Nietzsche schließlich für die hier skizzierte radikal-kritizistische Position eintrat, mußte er konsequenterweise

44

die Skepsis auch auf seine eigenen Voraussetzungen ausdehnen.[41] Er hat es freilich nicht immer getan; mitunter hat er sehr thetisch, geradezu mit der Autorität eines Inspirierten geschrieben. Aber im großen und ganzen hat er immer wieder seine eigenen »Überzeugungen« erneuter kritischer Reflexion unterzogen, ihre Gültigkeit bezweifelt, ihre verdeckten Voraussetzungen herausgearbeitet etc. Meine Darstellung orientiert sich an dieser Hauptlinie von Nietzsches Denken. Natürlich kann eine konsequente Skepsis nicht im strengen Sinne begründet werden – aber das gilt meiner Meinung nach für alle philosophischen Positionen. Nietzsches Skepsis in Konsequenz eines radikalisierten Kritizismus bleibt eine beachtliche, gut ausweisbare Position, solange sie nicht (inkonsequenterweise) absolut gesetzt wird.[42]

d) Wie Hegel und die Hegelianer hat sich Nietzsche sehr für die Wechselwirkung zwischen menschlichem Erkennen einerseits und den überindividuellen Institutionen der Komplexitätsreduzierung andererseits interessiert. Der wissenschaftstheoretische Standard seiner Analyse von Sprache, Logik, Mathematik, Wissenschaft im allgemeinen, Philosophie, Religion, Kunst und Moral ist ziemlich unterschiedlich. Aus heutiger Sicht besonders problematisch sind seine Auffassungen von Logik und Mathematik. Nietzsche hat sie in der Regel, wie z.B. auch John Stuart Mill, als empirische Disziplinen aufgefaßt und den Versuch gemacht, ihre Gesetze psychologisch zu fundieren.[43] Dagegen gehören seine Analysen von Kultur überhaupt, Philosophie (bzw. Philosophen), Religion und Kunst zum bleibenden Kern seiner Einsichten. Mögen ihre Methoden und viele ihrer Ergebnisse auch umstritten bleiben, so wird heute nicht mehr bezweifelt, daß Nietzsche mit ihnen neue Dimensionen kritischen Philosophierens eröffnet hat. Überdies hat er mit diesen Analysen eine breite Wirkung auf das gesamte geistige Leben der Folgezeit ausgeübt. Nietzsche selbst hat, spätestens seit seiner »Morgenröthe«, die Untersuchung der *Moral* als seine wichtigste Aufgabe angesehen. Im Spätwerk hat er dementsprechend verschiedentlich die Moral als die umfassendste, alle anderen bedingende und bestimmende überindividuelle Institution dargestellt. Auch dies blieb freilich ein kritischer *Versuch*, der nicht absolutgesetzt und selbst der Kritik entzogen werden darf.

4

Wer in Nietzsches Schriften und Aufzeichnungen liest, ist immer wieder betroffen von der Diskrepanz zwischen auf die Spitze getriebener kritischer Reflexion einerseits und massiven Behauptungen andererseits. Es läßt sich nicht leugnen, daß Nietzsche mitunter so apodiktisch dekretiert hat wie nur je ein Dogmatiker vor ihm. Dafür gibt es eine Reihe von Gründen − mehr objektive, wie z. B. die von mir im ersten Abschnitt skizzierte Vorordnung der Person vor der Sache; und mehr subjektive, wie z. B. das Nichtbeachtetwerden in Diskrepanz zur subjektiv empfundenen Bedeutung der eigenen Mission. Der Versuch, *alle* Äußerungen miteinander zu harmonisieren, geht nicht auf, wie ich schon einleitend bemerkt habe. Aber es ist möglich und sinnvoll, Nietzsches Denken anhand eines für es selbst von früh an zentralen Gesichtspunkts zu entwickeln und von diesem aus gegebenenfalls bestimmte andere Tendenzen zu kritisieren und sogar zu verwerfen. Nietzsche selbst hat nichts anderes getan. Zwar hat er auch die von mir als zentral gesetzte radikal kritizistische Orientierung mitunter in Frage gestellt, z. B. wegen ihrer möglichen Lebensfeindlichkeit oder wegen der Voraussetzungen, die sie impliziert; aber selbst in solchen Bemühungen blieb letztlich die aus dem Kritizismus erwachsene Skepsis leitend.[44]

Will man Nietzsches Denken nicht nur als eine vielleicht interessante, gewiß aber verwirrende historische Kuriosität zur Kenntnis nehmen, sondern seine Intentionen aufnehmen und in der heutigen Diskussion zur Geltung bringen, dann ist eine Wertung und Gewichtung ohnehin unerläßlich. Da sich das Problem letztlich darauf zuspitzt, wie Nietzsches Lehre vom Willen zur Macht zu verstehen ist, wende ich mich zum Abschluß diesem Problemkreis zu.[45] Ich möchte zeigen, daß sich auch Nietzsches Äußerungen über diese »Lehre« dem hier entwickelten Verständnis seines Denkens einfügen – es sind gerade die zentralen Texte über die »Machtwillen«, die dies nahelegen.

Nietzsches bekannteste, oft zitierte Vorstellung seines Grundprinzips findet sich im Nachlaß. Von den Herausgebern des sogenannten »Willen zur Macht« ist sie an herausragender Stelle, nämlich am Schluß dieser Kompilation veröffentlicht worden. Das Fragment beginnt mit den Sätzen:

Und wißt ihr auch, was mir »die Welt« ist? Soll ich sie euch in meinem Spiegel zeigen? Diese Welt, ein Ungeheuer von Kraft, ohne Anfang, ohne Ende, eine feste, eherne Größe von Kraft. ...

Und gegen Ende der Aufzeichnung folgt Nietzsches berühmt gewordene Antwort:

... wollt ihr einen Namen *für diese Welt? Eine* Lösung *für alle ihre Räthsel? ein* Licht *auch für euch, ihr Verborgensten, Stärksten, Unerschrockensten, Mitternächtlichsten?* – Diese Welt ist der Wille zur

Macht — und nichts außerdem! *Und auch ihr selber seid dieser Wille zur Macht — und nichts außerdem!*[46]

Nietzsche spricht von Welt und Mensch, d. h. er stellt kosmologische und anthropologische Thesen auf — Thesen, die das Sein von Welt und Mensch betreffen und als All-Aussagen formuliert sind. Wir haben es also mit Nietzsches »Metaphysik« zu tun, aber die entscheidende Frage lautet, in welchem Sinne diese Metaphysik zu verstehen ist bzw. um welche Art von Metaphysik es sich dabei handelt.

Der sogenannte »mechanische Materialismus« des vorigen Jahrhunderts war nicht deswegen naiv und von Beginn an wissenschaftstheoretisch obsolet, weil er für eine materialistische Option eintrat, sondern weil er einen Rückfall in vorkritische Positionen darstellte. Nach Kants Darstellung und kritischer Destruktion der Paralogismen und Antinomien im Dialektik-Teil der »Kritik der reinen Vernunft« war und ist ein solches Vorgehen prinzipiell überholt. Daß Nietzsche sich eines solchen Rückfalls schuldig gemacht haben sollte — darauf läuft die Interpretation seiner Lehre vom Willen zur Macht als einer dogmatischen Setzung hinaus —, ist von vornherein wenig wahrscheinlich. Seine Gewährsleute Schopenhauer und Lange hatten Kants Nachweis der Beliebigkeit dogmatischer Positionen noch verstärkt und Nietzsche hatte sich diesen Trend des Kritizismus von früh an zu eigen gemacht.

Eine andere Interpretation liegt näher und ist deswegen auch von vielen Interpreten wie selbstverständlich vertreten worden: Nietzsches Bestimmung des Seins als Wille zur Macht sei im Sinne von Schopenhauers empirisch fundierter Metaphysik aufzufassen. Nach diesem Verständnis ist Wille zur Macht ein Versuch der näheren

48

Kennzeichnung des Dings an sich, das *nicht* einfach Wille (zum Leben) ist, sondern eben Wille zur Macht. Wenn man Nietzsches philosophische Entwicklung in Rechnung stellt, ist freilich auch diese Interpretation keineswegs selbstverständlich, sondern eher problematisch. Unter dem Einfluß von Lange hat Nietzsche ja nicht nur Schopenhauers Identifizierung des Dings an sich mit dem Willen kritisiert (was es ihm erlauben würde, unter Beibehaltung des Modells den Willen durch etwas anderes, z.B. den Willen zur Macht, zu ersetzen), sondern er hat das Modell selbst verworfen und auf »unsere Organisation« zurückgeführt. Hat er diese Einsicht etwa später wieder aus den Augen verloren? Daß dies nicht der Fall ist, geht zum Beispiel aus einem zentralen, viel zitierten Textstück seiner Spätphilosophie hervor, aus dem Abschnitt *Wie die »wahre Welt« endlich zur Fabel wurde* der 1888 veröffentlichten »Götzen-Dämmerung«.

Nietzsche will in dieser sehr komprimierten Äußerung deutlich machen, daß eine angeblich nur der Vernunft und/oder dem Glauben zugängliche »wahre Welt« (z.B. Idee, Jenseits, noumenale Welt, Ding an sich) von jeher eine Projektion gewesen ist. »Wahre Welt« ist die Erscheinungswelt noch einmal, freilich eine idealisierte Erscheinungswelt, die als das Andere zur Erscheinungswelt, als deren Voraussetzung gesetzt wird. So waren die »wahrhaft seienden Ideen« nichts anderes als die Projektion des Ideals von Sokrates (oder von Plato) — sozusagen die Welt »in ihrem Spiegel gesehen«. Wenn Nietzsche in der oben zitierten Aufzeichnung schreibt, daß sich in *seinem* Spiegel die Welt als Wille zur Macht darstelle, dann wird er dies kaum anders verstanden haben als im Sinne der in »Götzen-Dämmerung« ausdrücklich formulierten Metaphysik-Kritik.[47]

Wie die »wahre Welt« endlich zur Fabel wurde zeich- net die Geschichte der Projektion des wahrhaft Seienden nach. Nachdem dieses durch Sokrates (oder Plato) ge- setzt worden ist, habe es sich verselbständigt. Weil aber die Philosophen und Theologen der Folgezeit, die diese Setzung aufgegriffen haben, ihre Realität vermißten, ha- ben sie die »wahre Welt« immer weiter weggerückt. Das Christentum interpretierte das wahrhaft Seiende als »jenseitige Welt«, die dem Glaubenden für die Zukunft verheißen ist. Kant stellte (vor allem in seiner prakti- schen Philosophie) diese Idee als das empirisch nicht zugängliche Reich der Zwecke dar, das freilich ver- pflichtend und tröstend in diese unsere Welt hinein- wirke. Der Positivismus zog aus Kants Metaphysik-Kri- tik die Konsequenz, daß die »wahre Welt« unbekannt sei. Als fünfte Stufe dieser Entwicklungsgeschichte setzte Nietzsche, ohne dies ausdrücklich zu sagen, den Kritizis- mus Langes und der philosophierenden Naturwissen- schaftler seine Zeit an: diese plädierten für die Abschaf- fung der »wahren Welt«, die, weil unzugänglich und unbekannt, auch unnötig sei. Nietzsche ist damit nicht zufrieden, sondern läßt noch eine sechste Stufe folgen:

Die wahre Welt haben wir abgeschafft: welche Welt blieb übrig? die scheinbare vielleicht? ... Aber nein! mit der wahren Welt haben wir auch die scheinbare abgeschafft!

Der Zusatz »Incipit Zarathustra«[48] macht deutlich, daß dies Nietzsches eigene Position ist. Er macht ernst mit Langes These, daß schon die Unterscheidung von Ding an sich und Erscheinung, also das ganze dualisti- sche Modell, durch »unsere Organisation« bedingt ist. Daher ist es zwar einerseits unvermeidlich; andrerseits aber nicht geeignet, objektive Erkenntnis über die Wirk-

50

lichkeit zu vermitteln. Genau diese Spannung – unvermeidlich, aber höchstwahrscheinlich falsch – kennzeichnet nun sowohl Nietzsches Analysen der Philosophiegeschichte wie auch seine eignen Lehren. Nietzsche nimmt die idealen Projektionen ernst, weil sich in ihnen durchaus Realität ausdrückt: die Realität einer bestimmten Moral und der ihr entsprechenden physischen Repräsentanz. Er selbst ist ebenfalls der Anwalt eines Ideals, nämlich der Wohlgeratenheit oder Stärke, wobei im Unklaren bleibt, ob dies eigentlich *sein* Ideal ist bzw. sein kann[49], oder das Zarathustras, oder das der Philosophen der Zukunft, oder das des Übermenschen etc. Nietzsche weiß aber offensichtlich, und er hält kritisch an dieser Einsicht fest, auch wenn er seine eigene Intention darlegt, daß alle Ideale prinzipiell von gleicher Art sind wie die »Erscheinungen«, und daß sich deswegen letztlich der Gegensatz zwischen wahrer Welt und Erscheinungswelt aufhebt.[50] Alles ist Interpretation. Es gibt nicht hier die ansichseiende Idee, die nur verschieden interpretiert worden ist, in sich aber identisch bleibt. Eigentlich wirklich sind die Konkurrenz und das Zusammenspiel vieler Interpretationen, die einander wechselseitig zu überbieten und aufzuheben trachten. Dies ist Nietzsches äußerste Konsequenz aus dem Kritizismus. Er ist, zurecht, wie ich meine, davon überzeugt, daß eine »kritische Metaphysik« über die ihr von Kant gegebene Gestalt hinausdrängt. Sobald ich die Position »Erscheinungswelt« setze, habe ich auch die Position »wahre Welt« mitgesetzt – es ist unwesentlich, wie ich sie besetze bzw. ob ich sie überhaupt besetze. Daran ändert weder ihre Nichtbeachtung durch den Positivismus etwas noch der ausdrückliche Versuch, sie abzuschaffen, durch Langes Version der Transzendentalphilosophie. Der *Ansatz* aller dieser Richtungen läßt die Türe offen für ein erneutes Eindringen dualistischer Metaphysik – und tatsächlich ist auf dieser Grundlage derjenige sogar konsequenter, der die »wahre Welt« ausdrücklich anerkennt und inhaltlich bestimmt.

Aber wie kann auf diesem Hintergrund Nietzsches Metaphysik des Willens zur Macht noch verstanden werden? Ich habe vorgeschlagen[51], sie nicht als These über die »wahre Welt«, somit als Welt*erklärung* zu verstehen, sondern als Welt*deutung*. Nietzsche geht von seinem Ideal aus und fragt sich, wie die Welt beschaffen sein müßte, damit es sich verwirklichen läßt. Es läßt sich leicht einsehen, daß es um so plausibler wird, je weniger es vorgegebene, unübersteigbare Grenzen gibt. Wenn »Gott tot« ist, die Atome nur ein Interpretationsprodukt sind, alle Letztgegebenheiten sich als zeitweilige Feststellungen innerhalb des universalen Werdens erweisen, *dann* ist Stärke im Sinne von unablässiger Selbstüberwindung möglich. Die Realisierung dieses Ideals setzt das Spiel der Machtwillen voraus. Wer im Übermenschen den »Sinn der Erde« sieht, wird sich so verhalten, als ob alles »Wille zur Macht sei – und nichts außerdem«.

Wenn Nietzsches Metaphysik somit auch keine bloße Variante der Schopenhauers ist, so bleibt dieser doch einer von Nietzsches bevorzugten Gesprächspartern.[52] Nietzsches Strategie läßt sich daher gut in Abhebung von der Schopenhauers über das bisher hinaus Gesagte verdeutlichen. Auch Schopenhauer hat mit seiner Metaphysik des Willens eine Antwort auf die Frage geben wollen, wie »die Welt« beschaffen sein muß, wenn sein Lebensgefühl der Realität entspricht. Nietzsche konnte insoweit an der These vom Willen als dem Kern der Welt nichts aussetzen, und tatsächlich hat er sie sich auf seine Weise zurechtgelegt.[53] Aber er kritisierte Schopenhauer, weil er die zu seinem Verständnis des Menschen passende Weltdeutung als Aussage über die »wahre Welt« mißverstand.

Daß Nietzsche mit seiner Lehre vom Willen zur Macht auf eine Deutung der Welt abzielt, die sein Ideal absichert, läßt sich auch durch die Entwicklung dieser Lehre belegen. Kaufmann hat überzeugend nachgewiesen [54], daß sie keinem plötzlichen Einfall Nietzsches entsprang, sondern allmählich entwickelt wurde. Bei ihrem ersten Auftauchen behandelte Nietzsche sie als eine psychologische Hypothese unter anderen, mit deren Hilfe bestimmte Verhaltensweisen des Menschen verständlich gemacht werden können. Später weitete er sie zu einer umfassenden psychologischen Theorie aus, mit deren Hilfe er alle menschlichen Verhaltensweisen interpretieren konnte, ohne auf vorgegebene Normen zurückgreifen zu müssen. Zuletzt hat er sie dann als die umfassende Weltdeutung herangezogen, als die sie uns bekannt ist. [55]

Die am meisten reflektierte Ausarbeitung der Lehre vom Willen zur Macht im Sinne des umfassenden Deutungsschemas hat Nietzsche in den beiden ersten Hauptstücken seiner Schrift »Jenseits von Gut und Böse« vorgelegt. Seine übrigen Äußerungen – in »Also sprach Zarathustra«, in den Schriften von 1888, und schließlich im Nachlaß – müssen von dort her verstanden werden. Hinsichtlich des oben zitierten Nachlaßfragments, das als letzter Aphorismus des sogenannten »Willen zur Macht« bekannt geworden ist, versteht sich diese Forderung schon insofern von selbst, als es offensichtlich eine Vorstufe zu Aphorismus 36 von »Jenseits von Gut und Böse« ist, in dem es unter anderem heißt:

Gesetzt, dass nichts Anderes als real »gegeben« ist als unsere Welt der Begierden und Leidenschaften, dass

wir zu keiner anderen »Realität« hinab oder hinauf
können als gerade zur Realität unserer Triebe ...

Nietzsche formuliert als Hypothese, was ich oben
schon zusammenfassend dargelegt habe: Alle scheinbare
Realität, materielle wie geistige, ist insofern sekundär,
als sie Produkt einer Interpretation ist. Diese hat sie fest-
gestellt und damit zeitweilig zu dem gemacht, als was
sie uns nun erscheint. Das primär Reale sind die inter-
pretierenden Leidenschaften — was freilich nicht dadurch erneut verkehrt werden darf, daß man zunächst
die Leidenschaften oder Triebe als das eigentlich Seiende
ansetzt; sie »sind« als der Vollzug des Interpretierens —
und nichts außerdem!
Die Fortsetzung des Aphorismus 36 erinnert zunächst
deutlich an Schopenhauers Vorgehen:

... ist es nicht erlaubt, den Versuch zu machen und
die Frage zu fragen, ob dieses Gegebene nicht aus-
reicht, um aus Seines-Gleichen auch die sogenannte
mechanistische (oder »materielle«) Welt zu verste-
hen?

Doch Nietzsche grenzt sich sogleich gegen das Mißverständnis ab, er wolle, wie Schopenhauer, das wahre
Wesen der Dinge bestimmen und von der Erscheinungswelt abheben:

Ich meine nicht als eine Täuschung, einen »Schein«,
eine »Vorstellung« (im Berkeleyschen und Schopen-
hauerschen Sinne), sondern als vom gleichen Reali-
täts-Range, welchen unser Affekt selbst hat, — als
eine primitivere Form der Welt der Affekte, in der
noch Alles in mächtiger Einheit beschlossen liegt, was
sich dann im organischen Prozesse abzweigt und aus-
gestaltet ...

Im weiteren Verlauf seiner Ausführungen beruft sich Nietzsche auf das Prinzip der Prinzipiensparsamkeit, das gebietet, mit möglichst wenigen Grundannahmen auszukommen, am besten mit einer einzigen. Nietzsche schließt:

Gesetzt …, dass es gelänge, unser gesamtes Trieb-leben als die Ausgestaltung und Verzweigung Einer Grundform des Willens zu erklären – nämlich des Willens zur Macht, wie es mein *Satz ist – ; gesetzt, dass man alle organischen Funktionen auf diesen Wil-len zur Macht zurückführen könnte …, so hätte man damit das Recht sich verschafft, alle wirkende Kraft eindeutig zu bestimmen als:* Wille zur Macht. *Die Welt von innen gesehen, auf ihren »intelligiblen Cha-rakter« hin bestimmt und bezeichnet – sie wäre eben »Wille zu Macht« und nichts ausserdem. –*

Man sieht, wie vorsichtig und überlegt Nietzsche hier im Vergleich zu der Vorstufe im Nachlaß formuliert. Daß diese von dem veröffentlichten Stück aus zu inter-pretieren ist und nicht umgekehrt, dürfte eine selbstver-ständliche Forderung sein. [57]
Ich komme zum Schluß: Nietzsches Lehre vom Willen zur Macht bliebe ein unverständlicher Rückfall in Posi-tionen, die bereits der junge Nietzsche zurückgelassen hat, wenn man sie als eine Auslegung des Dings an sich (oder der »wahren Welt«) auffaßte. Die hier vorgeschla-gene Interpretation als Weltdeutung zur Absicherung des Nietzscheschen Ideals der Wohlgeratenheit läßt sich zwanglos mit Nietzsches radikalem Kritizismus und mit der Skepsis seiner Spätphilosophie vereinbaren.

¹ Vgl. dazu die Einleitung zu dem von mir herausgegebenen Sammelband Nietzsche (»Wege der Forschung«, Bd. 521), Darmstadt 1980, 1 ff.

² W. Kaufmann, Nietzsche. Philosoph – Psychologe – Antichrist, deutsch von J. Salaquarda, Darmstadt 1982, 104.

³ Vgl. dazu Fr. A. Lange. Leben und Werk, hg. von J. H. Knoll und J. H. Schoeps, Duisburg 1975.

⁴ Vgl. dazu J. Salaquarda, Das wahre Selbst über dir. Überlegungen zu Werk und Wirkung Fr. Nietzsches, in: E. Biser (Hg.), Besieger Gottes und des Nichts (Schriften der Katholischen Akademie Bayern, hg. von F. Henrich, Bd. 108), Düsseldorf 1982, 24 ff.

⁵ »Kants größtes Verdienst ist die Unterscheidung der Erscheinung vom Dinge an sich« (im Org. gesperrt): Kritik der Kantischen Philosophie = Anhang zu Die Welt als Wille und Vorstellung, Bd. 1 (Arthur Schopenhauer, Sämtliche Werke, hg. von A. Hübscher. Dritte Auflage, Wiesbaden 1972, 7 Bände; hier: II, 494).

⁶ Zu Schopenhauer (1867/68), in: Fr. Nietzsche, Werke und Briefe. Historisch Kritische Gesamtausgabe. Werke, 3. Band: Schriften der Studenten- und Militärzeit, 1864 – 1868, hg. von H. J. Mette und K. Schlechta, München (Beck) 1935, 352 ff., hier: 353. – Nahezu die gesamte Aufzeichnung ist dem Problem des Dings an sich gewidmet.

⁷ Vgl. dazu A. Schopenhauer, Die Welt als Wille und Vorstellung, Bd. 2, Kapitel 24 (»Von der Materie«: WW, a.a.O. III, 346 ff., bes. 350: »Die Materie ist ... der Wille selbst, aber nicht mehr an sich, sondern sofern er angeschaut wird, d.h. die Form der objektiven Vorstellung annimmt: also was objektiv Materie ist, ist subjektiv Wille.«.

⁸ M. Horkheimer, Die Aktualität Schopenhauers. in: 42. Jahrbuch der Schopenhauer-Gesellschaft, 1961, 12 ff. – Wiederabdruck in: ders., Zur Kritik der instrumentellen Vernunft, hg. von A. Schmidt, Frankfurt 1967, 248 ff. – A. Schmidt, Schopenhauer und der Materialismus, in: 58. Jahrbuch der Schopenhauer-Gesellschaft, 1977, IX ff. – Wiederabdruck in: ders., Drei Studien über Materialismus, München 1977, 21 ff. (erweitert).

⁹ Eindringlich hat Schopenhauer das dargestellt in Die Welt als Wille und Vorstellung, 2. Bd., Kapitel 1 (»Zur idealistischen Grundansicht«): WW, a.a.O. III, 11 ff.

¹⁰ Für die Tendenz kann sich Schopenhauer durchaus auf Kant selbst berufen, der der zweiten Auflage seiner Kritik der reinen Vernunft eine ausdrückliche »Widerlegung des Idealismus« beigegeben hat (B 274 – 279).

[11] Parerga und Paralipomena, Bd. 2, Kapitel 3, § 30: WW, a. a. O. VI, 48. – Vgl. zu diesem seit Zellers Angriff auf Schopenhauer vieldiskutierten Problem B. Schlesinger, Zu Schopenhauers Hirnparadoxon, in: 59. Jahrbuch der Schopenhauer-Gesellschaft, 1978, 84 ff.

[12] Vgl. »Von der Materie« (oben Anm. 7).

[13] Vgl. dazu W. Weimer, Die Aporie der reinen Vernunft. Schopenhauers Kritik des Rationalismus, Köln 1977 (Diss.-Druck). – Ders., Schopenhauer (= Erträge der Forschung, Bd. 171), Darmstadt 1982, bes. 37 ff.

[14] Vgl. Die Welt als Wille und Vorstellung, Bd. 1, 2. Buch, §§ 18 ff (WW, a. a. O. II, 118 ff.) und – zur Ergänzung und Erläuterung des Standpunkts – Die Welt als Wille und Vorstellung, Bd. 2, Kapitel 18 (»Zur Erkennbarkeit des Dinges an sich«): WW, a. a. O. III, 213 ff.

[15] Der Deutsche Idealismus hat, von Fichte bis Hegel (vgl. bes. dessen Phänomenologie), den Gedanken eines Dings an sich verworfen. In der neuen Diskussion hat sich vor allem Sartre mit diesem Problem beschäftigt und ist in der Sache den Denkern des Idealismus gefolgt.

[16] Zu Schopenhauer: a. a. O. 358 (vgl. oben Anm. 6). – Es handelt sich um eine Folgerung aus dem Anthropomorphismus-Argument. Wie die vorsichtige Formulierung zeigt, ist sich Nietzsche der Tatsache bewußt, daß diese Folgerung nicht zwingend ist, wohl aber erhebliche Zweifel wecken kann.

[17] Fr. A. Lange, Geschichte des Materialismus und Kritik seiner Bedeutung in der Gegenwart: zitiert als GM nach der von A. Schmidt herausgegebenen 2bändigen Ausgabe Frankfurt 1974 (stw 70). – Zu Nietzsches Beschäftigung mit Langes Buch und zu dessen Einfluß auf sein Denken vgl. meine beiden Aufsätze: Lange und Nietzsche, in: Nietzsche-Studien 7, 1978, 236 ff. und Der Standpunkt des Ideals bei Lange und Nietzsche, in: Studi Tedeschi XXII, 1979, 133 ff. – Eine umfassende Darstellung der Beziehung gibt George J. Stack, Lange and Nietzsche (= Monographien und Texte zur Nietzsche-Forschung, Bd. 10), Berlin – New York 1983.

[18] Brief an C. von Gersdorff, Ende 8. 1866, in: Fr. Nietzsche, Briefwechsel. Kritische Gesamtausgabe, hg. von G. Colli und M. Montinari, Bd. 1/2, Berlin – New York 1975, 159 f. – unter Verwendung von Lange, GM II, 499.

[19] Eine Grundstruktur von Nietzsches Argumentation: Wir treffen mit Hilfe philosophisch-psychologischer Analyse auf eine bestimmte Nötigung, erkennen daß sie uns zu falschen Annahmen verführt, können aber trotzdem nicht auf sie verzichten. Wir sind »necessitiert

zum Irrthum« (Götzen-Dämmerung, Die Vernunft in der Philosophie, 5).

[20] Vgl. GM II, 569 f. (Anm. 21 zum Ersten Abschnitt des Zweiten Buchs).

[21] Jenseits von Gut und Böse, 11.

[22] Vgl. GM II, 453: »... künstlich vergrößerte Bewegung für die Philosophie Schopenhauers ...«.

[23] Vgl. GM II, 571 f., Anm. 25.

[24] GM II, 850 unter Hinweis auf Helmholtz. – Zu Nietzsches Bemühungen, seine zentralen Gedanken im Gespräch mit den seinerzeit neusten Tendenzen in der Physiologie auszuformen, vgl. W. Müller-Lauter, der Organismus als innerer Kampf. Der Einfluß von W. Roux auf Fr. Nietzsche, in: Nietzsche-Studien 7, 1978, 189 ff.

[25] Z. B. Die fröhliche Wissenschaft, Vorrede, 2. – Vgl. dazu auch H. Schipperges, Am Leitfaden des Leibes. Zur Anthropologik und Therapeutik Fr. Nietzsches (edition alpha), Stuttgart 1975.

[26] Menschliches, Allzumenschliches, 483, vgl. Der Antichrist, 55 und W. Kaufmann, Nietzsche, a. a. O., 412 ff.

[27] Vgl. Salaquarda, Der Standpunkt des Ideals, a. a. O.

[28] Vgl. Salaquarda, Studien zur Zweiten Unzeitgemäßen Betrachtung, in: Nietzsche-Studien 13, 1984, 1 – 45.

[29] So der Titel des 1. Aphorismus von Menschliches, Allzumenschliches.

[30] Im Sinne Kants müßte es heißen: unsere (apriorischen) Raum- und Zeit*vorstellungen*. Nietzsche bezieht sich zwar auf diese, was er durch die Kennzeichnung als »constant« deutlich macht. Aber er will betonen, daß es sich nicht um eine andere Klasse von Vorstellungen handelt, sondern nur um *festgelegte*, für bestimmte Zwecke (Weltorientierung, Wissenschaft) nützliche und nur insofern unhintergehbare »Empfindungen« (also Empirisches).

[31] Menschliches, Allzumenschliches, 19.

[32] Nachlaß Ende 1886 – Frühjahr 1887, VIII 7 [60]. – Vgl. dazu W. Müller-Lauter, Nietzsches Lehre vom Willen zur Macht, in: Nietzsche-Studien 3, 1974, 1 ff. (bes. Abschnitt 10, 41 ff.).

[33] Besonders deutlich kommt das in dem umfangreichen Aphorismus 142 der Morgenröthe zum Ausdruck, in dem Nietzsche nach Kaufmann (Nietzsche a. a. O., 314) die James'-Langesche Theorie vorweg genommen hat. Man kann auch auf die psychosomatische Medizin und ihre Methodik verweisen.

[34] So bezeichnet Nietzsche hier seinen Kritizismus.

58

[35] M. Funke, Ideologiekritik und ihre Ideologie bei Nietzsche (problemata, Bd. 35), Stuttgart 1974. – R. Maurer, Das antiplatonische Experiment Nietzsches. Zum Problem einer konsequenten Ideologiekritik, in: Nietzsche-Studien 8, 1979, 104ff. – J. Salaquarda, Mythos bei Nietzsche, in: H. Poser (Hg.), Philosophie und Mythos, Berlin – New York 1979, 174ff. – G.-G. Grau, Sublimierter oder realisierter Wille zur Macht, in: Nietzsche-Studien 10/11, 1981/82, 222ff. (vgl. vor allem auch die Diskussion im Anschluß an Graus Referat – a.a.O., 254ff. –, in der diese Problematik kontrovers behandelt worden ist).

[36] Besonders problematisch ist in diesem Zusammenhang Nietzsches »Lamarckismus«, d.h. seine Annahme, daß individuell erworbene Eigenschaften vererbt werden. Die heutige Biologie hat diese Hypothese verworfen und erklärt alle Entwicklung aus spontanen (zufälligen) Mutationen und der Selektion.

Zu Nietzsches Zeit argumentierten freilich auch die Fachleute überwiegend in diesem Sinne, auch Lange hat die Evolutionslehre so aufgefaßt. Nietzsche wollte in diesem Fall also nicht gegen die herrschende Lehre argumentieren. Das wäre zu berücksichtigen, wenn man seine Genealogien heute in seinem Sinn zur Geltung bringen wollte.

[37] GM II, 481.

[38] Man mag bezweifeln, ob Nietzsche in diesem Zusammenhang noch von »Wahrheit« sprechen darf. Die Idee der Adäquationswahrheit hat er freilich hinter sich gelassen; mitunter bedient er sich der Wendung »in Wahrheit« nur im Sinne einer façon de parler. Aber er hat sich auch in verschiedenen Anläufen darum bemüht, ein neues Verständnis von »Wahrheit« auszuarbeiten; vgl. dazu W. Müller-Lauter, Nietzsche. Seine Philosophie der Gegensätze und die Gegensätze seiner Philosophie, Berlin – New York 1970, 95ff. (5. Kapitel: »Wille zur Wahrheit und Wille zur Macht«).

[39] Vgl. Menschliches, Allzumenschliches, Aphorismen 19 und 16.

[40] Menschliches, Allzumenschliches, Aphorismus 21.

[41] In diesem Sinne läßt sich seine Grundhaltung meines Erachtens verteidigen. Vgl. dazu W. Stegmüller, Metaphysik, Wissenschaft, Skepsis, Wien 1954.

[42] Sie kommt dem Kritischen Rationalismus nahe, allerdings hätte Nietzsche der realistischen Option Poppers und Alberts wohl nicht zugestimmt.

[43] Vgl. B. Magnus, Nietzsche's Existential Imperative, Bloomington (Indiana) 1978, 197 ff. – Magnus stellt nicht nur die Irrtümer

Nietzsches heraus, sondern versucht auch das von Nietzsche Intendierte in einer logisch akzeptablen Form dazustellen.

[44] H. Vaihinger, selbst führender »Neukantianer«, hat insofern nicht unrecht, wenn er Nietzsche als einen Kronzeugen für seine »Philosophie des Als Ob« in Anspruch nimmt; vgl. Die Philosophie des Als Ob, Leipzig 1911, 341 ff. und Nietzsche als Philosoph. – Zu den Unterschieden zwischen Vaihinger und Nietzsche vgl. W. Kaufmann, Nietzsche, a.a.O., 147 f., Anm. 6.

[45] Vgl. dazu W. Müller-Lauter, Nietzsche a.a.O., 10 ff. und Nietzsches Lehre vom Willen zur Macht (s. oben Anm. 32).

[46] Nachlaß Juni-Juli 1885, VII 38 [12].

[47] Vgl. auch die wichtige, von Nietzsche ausdrücklich »Lenzer Heide, den 10. Juni 1887« datierte längere Aufzeichnung mit dem Titel »Der europäische Nihilismus« (VIII 5 [71]), in der Nietzsche diesen Sachverhalt zunächst an Spinoza erläutert und die an diesem gewonnene Einsicht dann verallgemeinert: »... sein Fall ist nur ein Einzel-Fall. *Jeder Grundcharacterzug,* ... der *jedem* Geschehen zu Grunde liegt, der sich an jedem Geschehen ausdrückt, müßte, wenn er von einem Individuum als *sein* Grundcharacterzug empfunden wird, dieses Individuum dazu treiben, triumphirend jeden Augenblick des allgemeinen Daseins gutzuheißen. Es käme eben darauf an, daß man diesen Grundcharacterzug bei sich als gut, werthvoll, mit Lust empfindet.«.

[48] In einer Vorstufe heißt es statt »ZARATHUSTRA« sogar: »PHILOSOPHIA« (vgl. den Komm. z. St. in: Fr. Nietzsche, Sämtliche Werke. Kritische Studienausgabe, hg. von G. Colli und M. Montinari, 15 Bände, Berlin – New York [de Gruyter] und München [dtv] 1980, Bd. 14, 415): also jetzt fange die (wahre) Philosophie erst an!

[49] Vgl. dazu J. Salaquarda, Zur gegenseitigen Verdrängung von Schopenhauer und Nietzsche, in: 65. Jahrbuch der Schopenhauer-Gesellschaft, 1984, 13 – 30.

[50] Wenn es *nur* Erscheinungen gibt, dann verliert dieser Begriff seinen Sinn. Kant hat das gesehen. In der »Widerlegung des Idealismus«, die er in der 2. Auflage seiner ersten Kritik versucht hat, betont er, daß es keine Erscheinung gibt ohne etwas, das erscheint. Allerdings hat Kant die umgekehrte Konsequenz gezogen und den »materialen Idealismus« (Berkeleys) deswegen bekämpft und zu widerlegen gesucht, weil er auf die Alleinwirklichkeit von Erscheinungen und damit auf deren Destruktion *als* Erscheinungen hinauslaufe.

[51] Vgl. meinen Aufsatz Mythos bei Nietzsche (oben Anm. 35), 197.

[52] Vgl. dazu meinen Aufsatz Zur gegenseitigen Verdrängung von Schopenhauer und Nietzsche (oben Anm. 49).

[53] Vgl. z. B. die drastische Formulierung dieses Gedankens Nachlaß Herbst 1885 – Frühjahr 1886, VIII 1 [148]: ›Die Welt als Wille und Vorstellung‹ – ins Enge und Persönliche, ins Schopenhauersche zurückübersetzt: »die Welt als Geschlechts-Trieb und Beschaulichkeit.«

[54] Nietzsche, a.a.O., 207ff. (= Kapitel 6: »Die Entwicklung des Willens zur Macht«).

[55] Kaufmanns Rekonstruktion dieses Prozesses ist vorbildlich, doch ist sein Verständnis von Psychologie mehr an Freud als an Nietzsche orientiert, für den sie immer auch Physiologie einschließt.

[56] Vgl. dazu den Komm. z. St. in der Kritischen Studienausgabe (oben Anm. 48), Bd. 14, 353 und 727.

[57] Vgl. auch Jenseits von Gut und Böse, Aph. 22, wo Nietzsche die »mechanistische« Interpretation, die von Atomen und deren Gesetzmäßigkeiten ausgeht, auf seine Wille-zur-Macht-Interpretation zurückführt. Charakteristischerweise erhebt er aber nicht den Anspruch, damit die »wahre Wirklichkeit« entdeckt zu haben, sondern lediglich, die überlegenere Interpretation anzubieten.

Josef Simon

SPRACHE UND SPRACHKRITIK BEI NIETZSCHE

Nach einem bestimmten Verständnis ist Philosophie ein Denken in strengen Begriffen, mit denen Sätze gebildet werden, die sich ihrerseits wieder zu einem konsistenten und möglichst auch kohärenten System zusammenfügen sollen. Schon ein Blick in Nietzsches Schriften lehrt, daß Philosophie hier so nicht verstanden ist. Für Nietzsche ist es »etwas Kindisches oder gar eine Art Betrügerei, wenn jetzt ein Denker ein Ganzes von Erkenntnis, ein System hinstellt – wir sind zu gut gewitzigt, um nicht den tiefsten Zweifel an der *Möglichkeit* eines solchen Ganzen in uns zu tragen. Es ist genug, wenn wir über ein Ganzes von *Voraussetzungen der Methode* übereinkommen, – über ›vorläufige Wahrheiten‹, nach deren Leitfaden wir arbeiten wollen« (KGW VII 2, 128 f.). Das soll ebensogut für die Naturwissenschaft gelten wie für die Philosophie, denn der Grund dafür liegt bei Nietzsche in der Reflexion auf die Begrifflichkeit von Begriffen überhaupt. Begriffe geben vor, sich auf identische Dinge zu beziehen. Man kann auch sagen, es werde davon ausgegangen, daß bestimmte Wörter Begriffe seien, d. h. daß sie in ihrer Bedeutung stets »dasselbe« meinten, nämlich etwas, das einer bestimmten Klasse von Dingen gemeinsam sei, oder daß sie intensional eine Klasse von Dingen vorgeben, die es in dieser Art geben könne oder nicht. Diese ontologische These deutet Nietzsche als die moralische »Forderung, die Dinge gerade so und nicht anders zu sehen«. Die Identität liegt für ihn also nicht im »Wesen« der Dinge, sondern in einer »besonderen Kraft des Geistes« (KGW VII 3, 224). Sie resultiert letztlich aus einem Willen, die Dinge in einer bestimmten Weise, nämlich als identische Dinge zu sehen. Das ist ein Wille zur methodischen Festlegung im Begriff von Dingen, die es so nicht gibt. Es gibt für Nietzsche keine ontologisch ausgezeichnete Methode. Sie ist ein Produkt der Einbildungskraft. Die Forderungen der Methoden sind notwendig »einseitig«, und gerade darin liegt ihre Stärke. In der »einseitigen Forderung« nach einer Methode zur Bestimmung identischer Dinge geht es dem Erkennenden eigentlich um seine eigene Identität, um seine Selbstbehauptung. Insofern ist der Begriff eines Dinges immer eine Ansicht oder eine Interpretation. Es gibt keine identischen Dinge und damit im Sinne der herkömmlichen Metaphysik überhaupt keine Dinge, sondern nur Interpretationen. Die metaphysische Vorstellung sieht darin natürlich einen Widerspruch, denn sie setzt voraus, daß es Interpretationen nur geben könne, wenn da etwas ist, was interpretiert werden kann. Die Interpretation soll ja sagen, was etwas ist. Sie soll »es« in seiner Wahrheit aufschließen. Nach Nietzsche sind die »Dinge« dagegen als solche Voraussetzungen innerhalb der Anstrengung des Denkens, sich Welt aufzuschließen.

Was für Begriffe gilt, gilt nach Nietzsche auch für deren syntaktische Verbindung zu Urteilen. »›Erkenntnis ist Urteil!‹ Aber Urteil ist ein *Glaube*, daß etwas so und so ist! Und *nicht* Erkenntnis!« »Die *Rechtmäßigkeit* im Glauben an die Erkenntnis wird immer vorausgesetzt: so wie die Rechtmäßigkeit im Gefühl des Gewissensurteils vorausgesetzt wird. Hier ist die *moralische Ontologie* das *herrschende* Vorurteil« (KGW VIII 1,

273). Der ontologische Anspruch des Urteils beruht zum einen auf Identität der Begriffe, die in ihm vorausgesetzt ist, und zum anderen auf der mit seiner Bildung vorausgesetzten ontologischen Relevanz der grammatischen Form, in der es Begriffe verknüpft. Die Grundform dieser Verknüpfung ist die von ›Subjekt‹ und ›Prädikat‹. Sie spiegelt sich ontologisch, wie Aristoteles erkannte, auf vielfache Weise wider: als Verhältnis von Substanz und Akzidenz oder Ding und Eigenschaft, als Verhältnis von Ding und Art oder auch von Art und Gattung. Der grammatischen Oberflächenform werden damit ontologische Tiefenformen oder Kategorien zugeordnet. Das wird vor allem deutlich, wenn, wie man es nach Aristoteles tun muß, noch zwischen einer zufälligen Eigenschaft oder einem Akzidenz und einer wesentlichen oder notwendigen Eigenschaft oder einem ›Proprium‹ unterschieden wird. Damit wird bestätigt, was Nietzsche schon von den Begriffen gesagt hatte. So wie sie sich einem Interpretationswillen verdanken, wenn sie als Begriffe von identischen Dingen gedeutet werden, so wird nun die Sprache als Bezeichnung ontologischer Verhältnisse interpretiert: Die Unterscheidung von notwendigen und zufälligen Eigenschaften ermöglicht es, von einer ›Substanz‹ zu sprechen, die sich im Wandel ihres Aussehens durchhält. Der Begriff der Substanz ist nach Nietzsche »unentbehrlich für die Logik«, »ob ihm gleich im strengsten Sinne nichts Wirkliches entspricht« (KGW V 2, 150). Mit dieser Kategorie läßt sich nach Nietzsche nichts Lebendiges verstehen, aber aus der Perspektive eines Lebendigen ist sie doch notwendig: »Es würden keine lebenden Wesen erhalten sein, wenn nicht der (...) Hang, lieber zu bejahen als das Urteil auszusetzen, lieber zu irren und zu dichten als abzuwarten, lieber zuzustimmen als zu verneinen, lieber zu urteilen als gerecht zu sein — außerordentlich stark angezüchtet worden wäre« (ebd.). Insofern hat der Begriff der Substanz seine Funktion, wenn sich Leben gegen Leben stellt, um sich zu behaupten; wenn Nietzsche aber sagt, die Substanzvorstellung habe ihre »Wurzel ... in der Sprache« (KGW VII 1, 692), dann will er damit nicht sagen, ›die‹ Sprache ›verführe‹ das Denken. So würden Sprachanalytiker argumentieren, die der Sprache, wie sie ist, eine logische Sprache entgegensetzen möchten. Mit Nietzsche wäre vielmehr zu sagen, der Begriff der Substanz resultiere aus einer bestimmten Interpretation der Sprache im Sinne einer bestimmten Grammatik. Eine Grammatik will ja die Folge der Wörter oder ihre ästhetisch deutliche Oberfläche im Sinne einer bestimmten systematischen Regelung verstanden wissen. Sie will, so wie der Begriff Dinge identifizieren soll, Sprachstrukturen identifizieren und den wechselnden Oberflächenerscheinungen bleibende Strukturen entgegensetzen. Das Denken in der Kategorie der Substanz folgt nicht einfach der Sprache noch wird es von ihr verführt, sondern es will etwas mit ihr. Es will sie in einem bestimmten Sinn verstehen, z.B. um sich selbst als Substanz verstehen zu können. Hier wird nicht ein »Außer-uns-Seiendes« (ebd.), sondern eine Sprachstruktur als etwas Identisches interpretiert, z.B. damit sich »Bewußtsein« gegenüber allem »Außer-uns-Seienden« oder gegenüber dem Wechsel seiner ›Inhalte‹ als Identität und damit überhaupt erst als ›etwas‹ verstehen kann.

Wir interpretieren nicht nur in der Sprache. Wir interpretieren, wenn wir von unserem Sprechen sprechen, auch die Sprache, weil wir, indem wir von etwas sprechen, dieses Thema auslegen, das wir uns sprachlich vorgeben. Auch von der Sprache haben wir immer nur einen Begriff als Resultat einer Interpretation, an deren

Berechtigung wir »glauben«. Daraus resultieren die Kategorien, auch die der Kausalität. Im Denken in dieser Kategorie suchen wir nach Nietzsche eigentlich gar »nicht nach Ursachen, sondern nach Bekanntem« (KGW VIII 3, 68). Wenn wir mit dieser Äußerung Nietzsches noch die These verbinden, »der populäre Glaube an Ursache und Wirkung« sei »auf die Voraussetzung gebaut, daß der freie Wille Ursache ist von jeder Wirkung« (KGW VII 1, 694), dann ergibt sich folgender Gedanke: Wir versuchen in kausalen Erklärungen Unbekanntes auf uns Vertrautes zurückzuführen, d.h. es damit gleichzusetzen, um auf diese Weise die Interpretation der Wirklichkeit, die sich bisher bewährt hat, aufrechterhalten zu können. Die Welt, wie sie schon in unserem Bewußtsein verarbeitet ist, wird als die wahre Welt zu behaupten versucht. Damit erhält sich das Bewußtsein in eben der Identität, in der es sich halten will, d.h. in ›seiner‹ Identität. Es versucht es mit einer bestimmten, nämlich der ihm möglichen Erklärung, und das ist immer die, die ihm selbst etwas erklärt, die aber auch von anderen als Erklärung akzeptiert wird. Es ist diejenige, bei der die Fraglichkeit von etwas für es sich zugleich mit seinem Bedürfnis nach der Zustimmung anderer erledigt. Denn das war der Sinn des kausalen Erklärungsversuchs. (Das Bewußtsein ist »im Verkehr entwickelt«. KGW VIII 2, 310.)

Das Denken in den traditionellen Kategorien, wie z.B. den Kategorien der Substantialität und der Kausalität, resultiert also nicht direkt aus der Sprache, sondern aus einer bestimmten Interpretation der Sprache, an deren Berechtigung wir glauben. Das ist der »Glaube an die Grammatik«, mit dem Nietzsche bekanntlich den Glauben an Gott verbindet (vgl. J. Simon, Grammatik und Wahrheit, Nietzsche-Studien, Bd. I, S. 1 ff.). Wer an die

ontologische Relevanz der Kategorien der Substantialität und der Kausalität »glaubt«, der wird auch an eine
oberste Substanz aller Substanzen und an eine Ursache
aller Ursachen »glauben« müssen. Nietzsche sagt nicht,
dieser Glaube sei überwunden, sondern, er fürchte, wir
würden »Gott nicht los, *weil* wir noch an die Grammatik
glauben« (KGW VI 3, 72, Hervorh. v. Vf.). Die Grammatik ist eine Interpretation der Sprache, aus der die
ganze Metaphysik resultiert, und dazu gehört als »die
allerjüngste aller philosophischen Methoden« (KGW
IV 2, 19) auch noch die moderne Naturwissenschaft.
Daß wir an sie glauben, ermöglicht auch den Glauben
an uns »selbst«, d. h. an uns in der Vorstellung, die wir
von uns selbst haben, z. B. als identisches Bewußtsein
im Laufe unseres Lebens. In diesem Begriff von uns (als
›res‹ oder ›substantia cogitans‹) denken wir uns als etwas Substantielles, sich Durchhaltendes, als das »ich
denke, das alle meine Vorstellungen muß begleiten können« (Kant) und insofern als deren »Subjekt«. Kant
hatte zwar gesehen, daß dies nur eine transzendentale
Voraussetzung sein kann und keine Substanz in einem
objektiven Sinne. Aber er hat damit auch gesehen, daß
es eine Voraussetzung ist, die wir machen müssen, wenn
wir überhaupt denken können sollen, daß die Verknüpfung von Vorstellungen in der Form der Kategorien
»Substantialität-Akzidentalität«,   »Ursache-Wirkung«
usw. von objektiver Gültigkeit sei. Gerade Kant lehrte,
daß wir zwar keine objektive Erkenntnis von uns selbst
als einer denkenden Substanz haben können, daß wir
aber uns selbst als Identität in allen wechselnden Vorstellungen und damit als das Verbindende in ihnen denken müssen, damit unsere Gedankenverbindungen gemäß den Kategorien überhaupt als objektive und in
diesem Sinne als »wahre« Erkenntnis gedacht werden

können. Mit Nietzsche könnte man sagen, der »Glaube« an uns selbst als an ›etwas‹ Identisches oder Substantielles sei der Grund des Glaubens an Substanzen und Ursachen in einem objektiven Sinn bzw. der Interpretationsansatz des Redens von objektiver Wahrheit. Wir erhielten uns dann im Glauben an Substanzen und Ursachen im Glauben an uns selbst. Es ist ein Glaube, der dem Leben dient, indem er anderes Leben auf objektive Begriffe bringt und damit als Leben ignoriert. Leben lebt davon, daß es sich anderes Leben seinen Möglichkeiten gemäß, das heißt als potentiell tot vorstellt, und das ist dasselbe, wie daß es sich anderes Leben überhaupt vorstellt. Wir können nicht aufhören, so zu verfahren, ohne selbst mit dem Leben aufzuhören.

Das heißt dann auch, daß wir, wenn wir ›von‹ Substanzen usw. sprechen, z.B. davon, daß wir uns als sprechende Substanz in all unserem Sprechen selbst unverändert durchhielten, schon einen bestimmten Begriff von der Sprache haben, aus einem Glauben an eine Grammatik, der die Sprache verstellt. Diese Verstellungen sind Reduktionen ihrer Möglichkeiten auf die Vorstellungen bestimmter grammatischer Strukturen. Die Sprache ist reicher, als unser Bewußtsein von ihr um seiner selbst willen wissen darf. Alles kategoriale Denken ist Interpretieren, und alles Interpretieren ist ›Reduktionsverfahren‹ oder vereinfachendes Denken (KGW V 2, 182). So können wir die Sprache, die ja zunächst nicht nur für den einzelnen und seine Absichten oder nur für bestimmte Interessengruppen ›da‹ ist, in Gebrauch nehmen und für das eigene Leben gegen das Leben dienlich machen. So wird sie zum Werkzeug (Organon). »Ein Werkzeug kann nicht seine eigene Tauglichkeit *kritisieren*: der Intellekt kann nicht selber seine Grenze, auch nicht sein Wohlgeratensein oder sein Miß-

ratensein bestimmen« (KGW VIII 1, 131). Er bleibt sich
selbst undurchdringlich, denn er kann sich selbst im
Grunde nicht problematisieren. Nietzsche spricht vom
vernünftigen Denken als von einem »*Interpretieren nach
einem Schema*« des Denkens, »*welches wir nicht abwerfen können*« (KGW VIII 1, 198), oder auch von einem
»letzten indiskutablen Grund«. Wir können gerade noch
denken, daß wir in einem Schema denken, aber damit
ist das Schema nicht in der Richtung auf eine absolute
Wahrheit hin überwunden. Bei Hegel etwa wäre die
Einsicht in die Notwendigkeit schon die Befreiung von
ihr. Nietzsche sieht dagegen auch darin noch eine lebensdienliche Täuschung: »Weil etwas für uns durchsichtig
geworden ist, meinen wir, es könne uns nunmehr keinen
Widerstand leisten – und sind dann erstaunt, daß wir
hindurchsehen und doch nicht hindurch können« (KGW
V 1, 274). Wenn wir etwa über die Natur des menschlichen Verstandes nachdenken, wie z. B. Locke und Leib-
niz es versucht haben, dann sind wir dabei, uns ein Bild
von dieser ›Natur‹ zu machen, und wenn wir dabei zu
Resultaten kommen, die uns einleuchten oder die als
›Erklärungen‹ dieser Natur angesehen werden können,
dann geschieht das wieder aus einer Perspektive heraus,
die wir ihrerseits nicht bestimmen können. Alle Erklärungen und Verdeutlichungen bleiben reduktiv. Sie folgen einem Schema, und das gilt auch für das reflektie-
rende Nachdenken über dieses Schema. Jeder Beurteil-
ung unseres Erkenntnisvermögens ist das Urteil hinzuzufügen, das besagt, so sei es nicht; zu jedem Satz gehört
der Gegensatz. Nur so ist das Schema zu überwinden.
Gerade im Gefühl, etwas sei uns ganz durchsichtig, sta-
bilisiert sich die Täuschung, die das Bewußtsein aus-
macht, und vor allem in einem plausiblen oder gar evi-
denten Begriff seiner selbst hält es sich auf eine subjektiv

unbeirrte Weise am Leben. Es verallgemeinert sich selbst in diesem Begriff zu dem Begriff eines Bewußtseins überhaupt, und es kann sich dann als Individuum nur noch in der Negation dieses Urteils über sich selbst denken. Der positive Begriff ist immer der Allgemeinbegriff: indem ich mich in ihm denke, denke ich alles Bewußtsein in ihm. Mir selbst kann ich nur deutlich oder durchsichtig werden, indem ich mich in dieser Verallgemeinerung sowohl von mir selbst als auch von den anderen als individuellen Personen entferne. Philosophische Systeme sind daher für Nietzsche auch nur als Werke von Personen interessant. Deren Verallgemeinerungen sind persönliche Schöpfungen mit dem Ziel, sich und andere und überhaupt alles mögliche von sich aus und wenn schon nach einem Schema, weil es nicht anders geht, dann doch in eigener Erfüllung dieses Schemas zu verstehen. »An Systemen, die widerlegt sind, kann uns eben nur noch das Persönliche interessieren, denn dies ist das ewig Unwiderlegbare« (KGW III 2, 297). Man darf im Sinne Nietzsches hinzufügen, daß auch an der Widerlegung von Systemen nur das persönliche Interesse bestehe, deren Verallgemeinerungen eigene Verallgemeinerungen entgegenzusetzen. Das eigene, das Neue ist das Interessante, besonders dann, wenn es demjenigen, der es hervorbringt, als absolute Wahrheit erscheint. Etwas für wahr zu halten ist ein Affekt. Es ist eine Leidenschaft starker Persönlichkeiten, nur das Selbstgedachte für wahr zu halten und sich im Denken gegen vorherrschende Auffassungen wenn schon nicht selbst in einem positiven Sinn zu erkennen, so doch als die Kraft des Entwurfs selbst zu empfinden.

Gegen die allgemeine grammatische Vorstellung, in der die Sprache in ihrer lebendigen Funktion auf Begriffe zu bringen versucht wird, wird somit ihr individueller

und seinerseits nicht auf Begriffe zu bringender Gebrauch gesetzt. Ein Sprechen, in dem sich Personen in
einer nicht auf semantische oder grammatische Regeln
zu bringenden Weise zur Sprache bringen, ist nach
Nietzsche das metaphorische Sprechen. Jedes Wort ist in
seinem ursprünglichen Gebrauch, in dem sich Personen
ausdrücken, eine Metapher. Denn indem sich Personen
in der Sprache ausdrücken, drücken sie etwas aus, was
nicht in Begriffen reflektierbar ist, das heißt nicht mit
anderen Begriffen, die als allgemein verständlich gelten,
gleichgesetzt werden kann. Insofern sich aber jede Person der allgemeinen Sprache bedienen muß, wenn sie
sich ausdrückt, sind die Wörter zugleich auch schon
Begriffe. »Jedes Wort wird sofort dadurch Begriff, daß
es eben nicht für das einmalige ganz und gar individualisierte Urerlebnis, dem es sein Entstehen verdankt, etwa
als Erinnerung dienen soll, sondern zugleich für zahllose, mehr oder weniger ähnliche, d. h. streng genommen
niemals gleiche, also auf lauter ungleiche Fälle passen
muß. Jeder Begriff entsteht durch Gleichsetzen des
Nicht-Gleichen« (KGW III 2, 373 f.). Damit sind wir am
Kernpunkt der Sprachphilosophie Nietzsches. In dem
Zitat heißt es, das Wort müsse zugleich für zahllose
Fälle passen. Das »muß« und das »zugleich« sind die
entscheidenden Wörter zum Verständnis dieser Sprachphilosophie.

Zunächst ist zu sagen, daß das Wort für gleiche Fälle
passen muß, weil es dafür passen soll. Nietzsche spricht
von einem Gleichsetzen. Das ist eine Tätigkeit des Individuums, das sich in der Sprache so ausdrücken kann,
daß es darin nicht nur sich in der isolierten Individualität
seines »Urerlebnisses« ausdrückt, sondern sich selbst
darin verallgemeinert. Das ist der Fall, wenn es ihm
gelingt, sich so auszudrücken, daß es darin von anderen

akzeptiert wird und nicht nur es selbst, sondern auch andere Personen Wahrheit darin sehen. Man denke an den dichterischen Ausdruck. Die Verallgemeinerung ist also durchaus zugleich mit dem Ausdruck des individuellen Erlebnisses gewollt, in einem Willen, sich selbst in der allgemeinen Sprache zum Ausdruck zu bringen und die Begriffe dieser Sprache so zu gebrauchen, daß sie dazu tauglich sind. Der Affekt zielt an ihm selbst darauf ab, und der individuelle Stil hat keineswegs zum Ziel, sich als bloße Eigentümlichkeit zu manieren, sondern die Sprache so zu gebrauchen, daß das individuell Erlebte als allgemeine Wahrheit erscheint. Der Umschlag ins Allgemeine ist gewollt, denn nur dadurch kann gegen schon bestehende allgemeine Wahrheiten etwas gesagt werden. Insofern muß die Metapher zum Begriff werden. Sie hat nur Bedeutung als werdender Begriff, d.h. wenn sie von anderen verstanden wird. In ihrem »Hart- und Starr-Werden« (KGW III 2, 377) liegt ihre Bedeutung! Sie sprengt das schon vorhandene System von Begriffen, die sich gegenseitig definieren, nur dadurch, daß sie selbst zum Begriff wird, der die gleiche allgemeine Dignität wie die schon vorhandenen Begriffe erhält. Sonst bliebe sie individuell und bedeutungslos. Ein Begriff ›ist‹ nur (als Bedeutung), was er ist. Eine Metapher ist, indem sie (Begriff) wird, und ›Werden‹ ist nach Nietzsche bekanntlich mehr als Sein: Im Sein ist nicht die Bedeutung des Werdens, aber im Werden ist die des Seins impliziert. Wer eine Sprache beherrscht, wie sie ist, partizipiert damit an einer bestimmten Macht (an die er glaubt). Aber wer eine Sprache verändert, gewinnt Macht über diese Macht und damit auch über die, die an ihr partizipieren. Indem er nicht nur Partizipant ist, bringt er seine Individualität nicht irrational gegen das herrschende Allgemeine, sondern in ihm zur Geltung und Anerkennung. Man sollte deshalb auch Nietzsche nicht als Vater eines modernen Irrationalismus bezeichnen, wie es Lukács getan hat (vgl. Nietzsche als Begründer des Irrationalismus der imperialistischen Periode, 1954). Es ist hier vielmehr von einer Rationalität die Rede, die sich von einem Positivismus unterscheiden will, nach dem nur wirklich ist, was sich in der Reduktion auf angeblich unproblematische ›Wahrheiten‹ oder Evidenzen ›erklären‹ läßt. (Vgl. hierzu auch A. Schmidt, Über Nietzsches Erkenntnistheorie, 1963/1973.)

In dieser Betrachtungsweise der Metapher als des werdenden Begriffs wird auch verständlich, wieso Nietzsche von einem begrifflichen Schema sprechen kann, das wir wohl als Schema erkennen, aber dennoch nicht abwerfen können: Wir erfüllen das Schema, indem wir die Sprache gebrauchen, um uns individuell auszudrücken, und wir können und wollen uns nur durch Erfüllung dieses Schemas ausdrücken. »*Hier ist eine Schranke:* unser Denken selbst involviert jenen Glauben (mit seiner Unterscheidung von Substanz-Akcidens, Tun, Täter usw.), ihn fahren lassen heißt nicht-mehr-denken-dürfen« (KGW VIII 1, 325). Der Glaube an die Wahrheit dieser Kategorien als der Glaube an eine tieferliegende Grammatik der Sprache und damit an die Logik als die Lehre von Verhältnissen zwischen festen, identischen Begriffen von identischen Dingen ist für Nietzsche dasselbe wie der »*Glauben an das Ich,* als an eine Substanz, als an die einzige Realität, nach welcher wir überhaupt den Dingen Realität zusprechen«. Ohne ihn kann man nicht denken, aber er ist deshalb noch nicht wahr. Wir können uns selbst nicht denken, wenn wir nicht das genannte Schema erfüllen wollen, d. h. wir gelangen zu einem Bewußtsein von uns selbst, zum Selbstbewußtsein nur, indem wir »das einmalige ganz und gar individualisierte Urerlebnis« so zur Sprache bringen, daß es dadurch als ein bloßer Fall eines Allgemeinen erscheint. Sonst gibt es kein Bewußtsein unserer selbst. Wir müssen uns als etwas Allgemeines, als »ich«, als das sich alle bezeichnen, denken, wenn wir uns überhaupt denken wollen, und wenn wir uns als sprechende Wesen bewußt sein wollen, dann müssen wir uns als austauschbare Sprecher einer Sprache denken, die uns über ihre begriffliche Fassung in einer Grammatik als eine bestimmte Sprache gegenständlich geworden ist. Mit anderen Worten: Nur unter Opferung der Individualität kann sich ein Individuum zur Sprache und zum Bewußtsein seiner selbst bringen. Nur in dieser Selbstaufgabe ist es da, und nur so gewinnt es Macht über andere, die nicht den Mut dazu aufbringen. Man kann auch sagen: Es ist nur da, indem es für andere ist und sich so zur Sprache zu bringen versteht, daß andere so wie es darin ›Wahrheit‹ sehen. Es hat Macht über andere, indem es sich zum Subjekt der Bestimmung bestimmt, unter der sie wie es nur noch als Fälle eines Allgemeinen erscheinen, als Dichter der Sprache, in der die Individualitäten alle in einer universellen ästhetischen »Übereinstimmung« als gleicher Stimmung verschwinden. Nur in dieser Aktivität bringt es sich, im Gegensatz zu den passiven anderen, dabei ›selbst‹ zur Geltung. Es macht sich zum Fall, während die anderen zu Fällen gemacht werden, bzw. sich zu Fällen bestimmen lassen, ohne zu widersprechen.

Nietzsche kritisiert die Gleichsetzung des Menschen mit seinem Bewußtsein. Er spricht von einer »lächerlichen Überschätzung und Verkennung des Bewußtseins« (KGW V 2, 57), die allerdings »die große Nützlichkeit zur Folge« gehabt habe, »daß damit eine allzuschnelle Ausbildung desselben *verhindert* worden« sei (ebd.). So konnte sich der Mensch in dem Bewußtsein stabilisieren, ›Bewußtsein‹ zu sein. Er konnte sich daran halten, obwohl nach Nietzsche das Bewußtsein nur etwas Oberflächliches an ihm ist. Es gehört nach Nietzsche »nicht eigentlich zur Individual-Existenz des Menschen« (KGW V 2, 274), und es verbindet sich nur mit dem Denken, indem dieses zur Sprache kommt. »Die Entwicklung der Sprache und die Entwicklung des Bewußtseins (nicht der Vernunft, sondern allein des Sich-bewußt-werdens der Vernunft) gehen Hand in Hand« (ebd.). Insofern ist das Bewußtsein eine Leistung des Sich-zur-Sprache-Bringens. Man kann nach Nietzsche auch nicht sagen, der Mensch sei »Subjekt«. Er erscheint nur als Subjekt, insofern es ihm gelingt, eine Theorie von sich, nach der er Subjekt ist, so zur Sprache zu bringen, daß sie auch anderen als wahre Theorie vom Menschsein aller Menschen erscheint und damit auch von ihnen akzeptiert wird. Es kommt also nicht auf die Wahrheit dieser Theorie in einem absoluten Sinne an, sondern darauf, daß auch andere sich unter sie subsumieren, weil sie sich dadurch zu verstehen und ihrer selbst zu vergewissern glauben. Sie glauben sich wie der Urheber der Theorie darin durchsichtig, und d.h. ja bewußt zu werden. Bewußtsein und Selbstbewußtsein beziehen sich insofern auf den allgemeinen Gattungsbegriff vom Menschen als ›theoretische Begriffe‹ in einer als verbindlich akzeptierten Theorie über ihn, mit deren Hilfe er sich z.B. selbstbewußt von den Tieren unterscheidet. Aus dem Status dieser Theorie des Bewußtseins folgt, daß es nicht nur eine Theorie geben kann, die diese Aufgabe erfüllt. Denn nicht ihre Wahrheit ist ausschlaggebend, sondern nur das historische Faktum, daß sich Menschen mit ihrer Hilfe ihrer selbst bewußt zu werden glauben. Als individuelle Personen bleiben sie für sich und andere gerade dadurch – wie es auch Hegel sieht – »undurchdringlich« (vgl. Hegel, Wissenschaft der Logik, Gesammelte Werke, Bd. 12, S. 236).

Hegel und Nietzsche stimmen in ihrer philosophischen Einschätzung des Bewußtseins in vielem überein. Bei Hegel heißt es: »Erst das reine Wissen, der Geist, der sich von seiner Erscheinung als Bewußtsein befreit hat, hat auch das freie, reine Sein zu seinem Anfang« (ebd. 11, 34). Erst dieser Geist ist nicht mehr in der bestimmten Vorstellung gebunden, ›Bewußtsein‹ nach einer bestimmten Vorstellung von sich zu sein. Er ist offen für sein eigenes (demgegenüber unbewußtes, undurchdringliches) Sein. Aber er wird sich immer wieder gerade deshalb ein bewußtes Bild von sich machen müssen, schon um einen Begriff von sich als Bestandteil einer Erkenntnistheorie zu gewinnen, nach der er sich gegen den Skeptizismus behaupten oder als Vermögen der Wahrheit wissen kann. Aber wenn er sich »von seiner Erscheinung als Bewußtsein« befreit hat, weiß er um die Notwendigkeit dieser Erscheinung und um ihre Unwahrheit. Er kann dann andere Dimensionen seiner selbst, z.B. sich selbst als Trieb und Affekt oder als irgend etwas anderes und gegenüber dem Selbstbewußtsein, ›Bewußtsein‹ zu sein, als etwas Neues zur Sprache bringen. Er gewinnt die Fähigkeit des Werdens und der Erneuerung seines Selbstbegriffs zurück, aus der heraus er sich ja auch einmal als ›Bewußtsein‹ verstanden hatte. Theorien über die Bedeutung des »Unbewußten« sind z.B. ein Resultat solcher freigelegten Möglichkeiten, aber auch sie sind natürlich nicht, weil sie neuer sind, ›wahrer‹ als die alten Theorien. Es kommt nur wieder aufs neue ein individueller Geist zur Sprache, aber eben zur Sprache, in der er unmittelbar wieder in Begriffe umschlägt. Auch eine Theorie über die Bedeutung des

Unbewußten gegenüber dem schmalen Raum des Bewußtseins bringt ihren Inhalt zum Bewußtsein.

Hier erscheint nun unmittelbar der Widerspruch der Form gegenüber dem gemeinten Inhalt, und man müßte gewarnt sein, »sich nicht foppen zu lassen« (KGW VIII 1, 217). Nur so könnte man den Unernst solch einer neuen Wissenschaft durchschauen, von dem ihr Urheber gewußt haben muß, wenn er sich von den Axiomen der alten überhaupt hat lösen und zu diesen neuen Perspektiven hat finden können. Nur ein Wissen, das sich von seiner Identifizierung mit seiner »Erscheinung«, z. B. von der Erscheinung, Bewußtsein zu sein, lösen kann und gegenüber der vorausgesetzten Identität seiner selbst gelöst hat, steigert sich im »Willen zur Macht«. Aber es muß auch an seine neuen Perspektiven wieder glauben, als seien sie die absolute Methode zur Wahrheit. Die neue Theorie muß sich im vollen Wahrheitsanspruch zur Sprache bringen und allgemein werden wollen. Die neuen Werte müssen nach dem Unernst des Übergangs so, wie frei gebildete Metaphern zu festen Begriffen werden, wieder ernst genommen werden. Sonst sind es keine Werte. Daran darf auch der Widerspruch der Form gegen den Inhalt nichts ändern. Daß er ausgehalten wird, macht die Stärke der Position aus. Denn alles Bewußtsein ist ein Widerspruch, indem es sich als wahres Bewußtsein von Dingen außer uns versteht, von denen es ja nur etwas weiß, insofern sie, als »Erscheinung«, im Bewußtsein sind.

Bei Hegel heißt es, daß nur der Geist, der sich »von seiner Erscheinung als Bewußtsein« befreit habe, freier Geist sei. Das wäre der Geist, der sich nicht mehr mit dem identifiziert, was gemeinhin als »Identität des Bewußtseins« über das Leben hinweg oder durch das Leben hindurch gilt. Es wäre die Freiheit, sich selbst auch

78

anders zu verstehen, z. B. als Nichtidentität des Bewußtseins. Die Identität wäre dann aus ihrem Begriffensein entlassen, bzw. der Mensch verstünde sich nicht mehr unter dem Aspekt einer sich im Leben durchhaltenden Identität in dem Sinne, daß man innerhalb einer Theorie etwas darüber sagen könnte. In dieser Richtung wäre der Freiheitsbegriff nach Hegel, aber auch nach Nietzsche zu verstehen: Als Freisein gegenüber einem festen, positiven Begriff von sich selbst oder von dem, ›was‹ man sein und wonach man sich ausrichten sollte, um seinen Begriff zu erfüllen.

Dieser Begriff muß als solcher immer ein allgemeiner sein. Nach Kant muß es sogar der allgemeinste sein, ein Begriff vom Menschen, unter den sich alle Menschen subsumieren können oder schon subsumiert haben, indem sie sich nur als »vernünftig« voraussetzen. Was dabei als vernünftig gilt, darf nicht mehr Gegenstand möglicher Meinungsverschiedenheiten sein können. Es muß deshalb die oberste Regel des vernünftigen Denkens selbst sein, d. i. die Widerspruchsfreiheit im moralischen Begriff von sich selbst, wenn er unbegrenzt verallgemeinert wird. – Die Prüfung der Widerspruchsfreiheit ist nach Nietzsche aber nicht ohne Voraussetzung. Sie setzt identische Begriffe voraus. Da wir uns nur so verhalten können, als hätten wir identische Begriffe – denn wir kennen nicht ihren wirklichen Gebrauch in der Sprache aller Menschen, schon gar nicht über die Grenzen von Einzelsprachen hinweg –, ist dies keine geringere Voraussetzung als die, daß alle Menschen die Wörter in der gleichen Bedeutung wie wir selbst und daß auch wir sie immer in der gleichen Bedeutung gebrauchten. Für Nietzsche kommt man damit wieder an den Ausgangspunkt zurück: Wer die Begriffe eingeführt hat, hat sie wirklich individuell gebraucht. Die anderen subsumieren sich unter diesen Gebrauch, d. h. sie bemühen sich, sich ihm gemäß zu verhalten, indem sie sich in diesem Sinne »bilden« oder »benehmen«. Der »kategorische Imperativ« Kants ist damit sprachkritisch in Frage gestellt. Der Versuch der Formulierung eines allgemein verbindlichen Begriffs vom Menschsein ist als moralische Genialität eines Individuums entdeckt, das seine subjektive Handlungsmaxime auf ihre Fähigkeit hin formuliert, zur Richtschnur einer allgemeinen Gesetzgebung erhoben werden zu können, ohne daß es dabei zu einem Widerspruch kommt. Dabei geht es notwendigerweise davon aus, wie es selbst seine Maxime versteht. Dazu gehört der ganze Erfahrungshintergrund seines individuellen Lebens, aus dem heraus es zu der Formulierung seiner Maxime, die es nun prüfen will, gekommen ist. Wenn die Maxime lautet: Du sollst nicht töten, geht es notwendigerweise davon aus, was es selbst unter »töten« versteht, ebenso wie davon, was es selbst unter »Leben« versteht, das durch dieses »töten« aufgehoben würde. Dazu gehört eine Festsetzung des Beginns und des Endes des Lebens, ferner, ob nur menschliches Leben gemeint ist, ob Grenzfälle wie Notwehr usw. darunter fallen sollen oder nicht usf. Es kann nur erwartet werden, daß andere dem zustimmen oder »beitreten«, denn ohne die Voraussetzung der festen Identität der Begriffe, die in der Maxime vorkommen, kann auch nicht geprüft werden, ob sie ohne Widerspruch zu einem Gesetz für alle verallgemeinert werden kann.

Freiheit im Sinne Nietzsches wäre also zunächst die Auflösung von solchen unsicheren Voraussetzungen, und zwar aus sprachkritischen Gründen. Wenn der Beitritt anderer nicht durch einen sichergestellten Sprachgebrauch oder durch gleiche Begriffe als notwendig gedacht ist, sondern nur aus der eigenen subjektiven Überzeugung heraus »angesonnen« wird, würde auch Kant von einem ästhetischen Zustand sprechen. Nietzsche vollzieht nun diesen Schritt, indem er einer sich so verstehenden Moralität wohl den subjektiven Schein der Wahrheit, aber nicht die moralische Absolutheit zugestehen würde, die sie beansprucht. »Nur als *ästhetisches Phänomen* ist das Dasein und die Welt ewig *gerechtfertigt*« (KGW III 1, 43). Während Kant die Religion nur noch als moralisch gerechtfertigt ansah, gebraucht Nietzsche den theologischen Begriff der ›Rechtfertigung‹ für das, so könnte man sagen, notwendige ›Steckenbleiben‹ von Wahrheitsansprüchen im Ästhetischen. Es sind nach ihm immer nur Fiktionen, an denen wir uns orientieren, Wörter mit dem Anspruch, für Begriffe zu stehen, während sie in Wirklichkeit nur statt der Begriffe dastehen. Deshalb sind auch alle Systeme von einer nur erscheinenden Widerspruchsfreiheit, und das sich in ihnen orientierende Bewußtsein kann nur »Erscheinung« sein, d. h. auch: es kann nur als ein ästhetisches Phänomen verstanden werden. Vermeintlich logische Deutlichkeiten bestehen nur als Schein von Gnaden ästhetischer Deutlichkeiten, d. h. dadurch, daß Individuen sich als solche oder ohne Gewißheit durch den Rückgriff auf Regeln so auf die Sprache verstehen, daß sie sich so ausdrücken können, daß andere zustimmen. Das Ziel aller Rede bleibt das andere Individuum, und nur seiner individuellen Zustimmung verdankt sich der temporale oder auch epochale Schein ›grundlegender‹ Wahrheiten, z. B. über die Natur des menschlichen Bewußtseins als der Basis aller übrigen Wahrheiten. In Wirklichkeit gibt es nach Nietzsche keine privilegierten Begriffe. »... das Hart- und Starr-Werden einer Metapher verbürgt durchaus nichts für die Notwendigkeit und ausschließliche Berechtigung dieser Metapher« (KGW III 2, 378). Der

Zustand, in dem alle Metaphern noch möglich sind und in dem das Gelungensein einer bestimmten noch nichts über das Gelingen weiterer Metaphern oder Spracherweiterungen aussagt, ist der freie ästhetische Zustand. In ihm hängt die Möglichkeit, etwas zur Sprache zu bringen, nicht davon ab, daß etwas bestimmtes anderes schon zur Sprache gebracht werden konnte. Denn damit wäre man schon in einem etwas zugrundelegenden, d.h. substantiellen Denken. Das Bewußte wäre dann schon als Prinzip des Unbewußten verstanden.

Wie ist aber diese Freiheit des ästhetischen Zustandes näher zu bestimmen? Es war schon davon die Rede, daß für Nietzsche alles kausale Erklären, als eine Reduktion des Unbekannten auf Bekanntes, seinen eigentlichen Grund darin hat, »daß der freie Wille *Ursache ist von jeder Wirkung*« (KGW VII 1, 694). Es findet also ein Setzen statt. Der freie Wille ist dadurch Ursache von jeder Wirkung, daß er Ursache aller Ursachen ist. Er ist es, der etwas als eine ›Ursache‹ gelten läßt, dadurch, daß er es als solche akzeptiert, wenn ihm durch die Erklärung oder die Nennung dieser Ursache die Sache genügend klar zu sein scheint. Im anderen Fall würde weitergefragt. Die ›Begründung‹ hängt davon ab, daß sie für den, der nach ihr gefragt hatte, wahr zu sein scheint, nicht davon, daß sie wahr ist. Denn sonst könnte man erst, wenn man alles wüßte, etwas eine Ursache nennen. Die Voraussetzung des freien Willens als der letzten Ursache dafür, etwas eine Ursache zu nennen, ist identisch mit der Einsicht, daß man nur in einem Schema denken kann. Man kann zwar das Bewußtsein relativieren, indem man z.B. alle bewußten Prozesse als Wirkungen physiologischer Prozesse zu erklären versucht. Gerade Nietzsche hält einen Fortschritt in dieser Hinsicht für möglich. Aber er sagt auch, daß sogar ein vollständiges

Gelingen dieses Versuchs die Voraussetzung des freien Willens nicht aufheben würde. Denn auch eine solche ›Erklärung‹ des Bewußtseins wäre eine Leistung des (freien) Willens. Sie wäre dann wohl die Wahrheit über ›das Bewußtsein‹, aber doch nicht selbst die absolute Wahrheit, sondern wiederum nur eine gelungene Theorie, d. h. eine andere Interpretation.

Es »gibt« nach Nietzsche bekanntlich keinen »freien Willen«. Die Freiheit des Willens nennt er einen »ursprünglichen Irrtum alles Organischen« (KGW IV 2, 36). Sie ist eine lebensdienliche Vorstellung, »so alt, als die Regungen des Logischen in ihm existieren«. Es gibt nach Nietzsche nicht einmal einen Willen, sondern nur »Willens-Punktationen, die beständig ihre Macht mehren oder verlieren« (KGW VIII 2, 278 f.). Der »schwache Wille« besteht in einem »Oszillieren« und in einem »Mangel an Schwergewicht« solcher »Punktationen«, der »starke Wille« in einer »Präzision und Klarheit der Richtung« ihrer Wirkung (KGW VIII 3, 186), man könnte sagen: in ihrem geordneten Zusammenwirken. Man muß es ernst nehmen, wenn Nietzsche, in dem man den Philosophen des »Willens zur Macht« und damit einen Metaphysiker sieht, dessen Grundformel der »Wille zur Macht« wie für Thales, den ersten Metaphysiker, das Wasser sei, sagt, daß es nicht nur keinen freien, sondern überhaupt keinen Willen »gebe«. Darin drückt sich aus, daß alles Aussagen von etwas als etwas, einschließlich der Aussage, »alles« »sei« »Wille zur Macht«, Interpretation ist, und genauer wäre noch zu sagen: als Interpretation interpretiert wird. Darin ist die Metaphysik in ihrem Grundzug, zu fragen und zu sagen, was »etwas« und was schließlich »alles« sei, überwunden. Aussagen behalten ihren Sinn nur im Leben, d. h. darin, daß sie zu einer bestimmten Zeit etwas in lebensdienlicher Weise aufschließen, Fragen im Sinne von Orientierungsversuchen befriedigend beantworten und also immer, wenn bisherige Antworten unbefriedigend geworden sind, von Bedeutung werden. Hinter solchen »metaphysischen« Aussagen wie der, daß alles »Wille zur Macht« sei, steht immer noch die weitere, aber rein negative Voraussetzung der Freiheit ihrer Bildung und des »Glaubens« an sie im Sinne des Findens eigener Identität.

Diese »letzte« Voraussetzung ist keine Voraussetzung in einem positiven Sinn. Sie ist nicht mit der Voraussetzung gleich, daß es Freiheit »gebe«. Auch solch ein Satz muß erst darin akzeptiert werden, daß er bedeutend wird. Auch er ist keine Wahrheit, sondern Interpretation, insofern er wirklich für ein Individuum, als das für Nietzsche einzig »Absolute«, bedeutend ist.

Daß es nach Nietzsche keine letzte Wahrheit, sondern nur für wahr gehaltene Interpretationen gibt, ist identisch mit der unaufhebbaren Voraussetzung der Freiheit. Sie resultiert aus der Erfahrung, daß wir uns ›selbst‹ ohne weitere Erklärung, ›was‹ wir seien, an die Stelle von physiologischen Ursachen setzen können, z.B. wenn wir einen Finger krümmen. Wir sind frei, indem wir nichts anderes als uns selbst, und d.h. eigentlich gar nichts qualitativ oder begrifflich Bestimmtes, als Ursache annehmen. Denn dann übernehmen wir selbst dafür die Verantwortung. Wir nehmen alle »Schuld« auf uns (s. S. 96), ohne sie ›erklärend‹ von uns abzuschieben und etwas anderem außer uns oder auch in uns zuzuschreiben. Wir sind dann für uns selbst das Unerklärte schlechthin. Aber wir sind auch verantwortlich für alle Theorien, in denen wir etwas anderes als uns selbst zur Ursache von etwas erklären. Die Stärke liegt nach Nietzsche im Grunde im Aushalten dieser Verantwortung als dem Verzichten auf ›wahre‹ Erklärungen. Das ist seine positive Deutung des Nihilismus.

Das Ineinanderspielen des Wortcharakters als Begriff und als Metapher ist der Grundgedanke der Sprachphilosophie Nietzsches. Es handelt sich nicht um ein Nebeneinander von Wörtern, die Begriffe wären, und anderen Wörtern, die man wegen irgendeines Bildgehaltes ›Metaphern‹ zu nennen hätte, sondern um zwei Ansichten desselben: Ein Wort in der Vorstellung, daß es als Name für eine Art von gleichen Dingen zu verstehen sei, ist ein Begriff; ein Wort, durch das sich ein Individuum als solches oder in dem es ein »ganz und gar individualisiertes Urerlebnis« auszudrücken versucht, ist eine Metapher. Da das Individuelle ›ineffabile‹ ist, solange sein Ausdruck nicht auch anderen etwas bedeutet, d. h. auch auf andere Eindruck macht, so daß sie sich in ihm wiedererkennen und auch sich selbst in ihm ausgedrückt finden, ist der sprachliche Ausdruck eines individuellen »Urerlebnisses« zunächst nur ein Sich-Bemühen um einen Ausdruck oder werdende, noch nicht seiende Sprache. Es ist ungewiß, ob er verstanden wird. Was Nietzsche ›Metapher‹ nennt, ist in Hamanns Sprache »ein Zusammenfluß von Ideen und Empfindungen«, syntaktisch gesehen eine Komposition von Sätzen als einer »Menge kleiner Inseln, zu deren Gemeinschaft Brücken und Fähren der Methode« fehlen (J. G. Hamann, Sämtliche Werke, ed. J. Nadler, II, 61). Es ist ein Versuch zur Sprache, als einer ungesicherten Brücke zu anderer Individualität, in dem noch keine geregelte Verbindlichkeit der Sprache besteht, so daß die Individuen sich in ihm noch gegenseitig frei wissen. – Im Moment der Akzeptation, in dem der Ausdruck anderen ›etwas‹ besagt, ist auch schon der entsprechende gemeinsame Gegenstand konstituiert, ›über‹ den man weiter sprechen kann. Hierzu gehören vor allem die philosophischen Grundbegriffe, wie z. B. ›Substanz‹, ›Idee‹, usw., die alle einmal von jemandem, z. B. von Aristoteles oder Platon, in die Sprache der Philosophie eingeführt worden sind, in der Absicht, auf diese Weise ›etwas‹ sagen zu können, was ohne diese Einführung nicht hätte gesagt werden können. Da diese ›Neologismen‹ nun aber Schule gemacht hatten, wurden sie zu Begriffen, und sie wurden verstanden als Begriffe für ›etwas‹, über das man wie über etwas ›Gegebenes‹ weiter reden konnte, wenn sie auch nur in der Sprache der Philosophie ihren Sinn hatten. Es entstand im Moment ihrer Akzeptation die Vorstellung von Seiendem, für das sie stehen sollten. Später kam, etwa seit Descartes, der Begriff des Bewußtseins hinzu. Er war davor nur als ›conscientia‹ im Sinne von ›Gewissen‹ gebräuchlich. Es handelte sich, wenn er nun auch Bewußtsein bedeuten sollte, also zunächst um eine ›übertragene Bedeutung‹, also um eine Metapher. Sobald er aber in der Philosophie und dann auch über sie hinaus in der neuen Bedeutung akzeptiert war, war auch das Bewußtsein ›etwas‹, nämlich so etwas wie eine menschliche Eigenschaft oder ein Vermögen, geworden. Man konnte nun alles Mögliche ›über es‹ sagen und ganze Wissenschaften von ihm einrichten, und die Menschen ›glaubten‹, daß sie ›so etwas‹ hätten oder gar seien. Sie verstanden sich selbst von dem Modell eines aus Körper und Bewußtsein Zusammengesetzten her. Frühere Modelle des menschlichen Selbstverständnisses wurden dadurch verdrängt, und der Glaube an die Wahrheit dieser Vorstellungen von ›gleichen Dingen‹, die alle unter den Begriff des Bewußtseins fallen sollten, war so stark, daß man jemandem den Verstand abgesprochen hätte, wenn er hätte leugnen wollen, daß er ›Bewußtsein‹ ›habe‹. Bewußtsein zu haben, schien von nun an so selbstverständlich zu sein, wie einen Kopf zu haben. Gerade dieses Beispiel macht deutlich, daß wir hier weitgehend selbst noch an diesem starken Glauben partizipieren. Die Warnung Nietzsches vor der »Überschätzung« des Bewußtseins (KGW V 2, 57) erreicht uns deshalb kaum, auch wenn moderne Anthropologen diesem Begriff nur noch eine Platzhalterfunktion für noch zu erwartende Fortschritte der Gehirnforschung zugestehen. Der Glaube an das Bewußtsein ist so sehr verfestigt, daß dessen Leugnung uns unwürdig erscheint, als Verletzung einer, wie Nietzsche sagen würde, »moralischen Ontologie«, obwohl es, wie wir philosophiehistorisch wissen, vor der Neuzeit nicht einmal das Bedürfnis nach einem Begriff dafür gegeben hatte. ›Seele‹ bedeutet etwas anderes, und vor allem die Verdrängung des Seelenbegriffs durch den Bewußtseinsbegriff macht es dem modernen Menschen so schwer, Aussagen über ›Seele‹, deren Unsterblichkeit usw., ›noch‹ folgen zu können. Es drängt sich dabei unabweislich die Vorstellung des bewußten ›inneren‹ Dabeiseinmüssens auf als einer bewußt erlebten Identität des Selbst.

Der geschichtliche Blick ließ Nietzsche sagen, daß solche Hypostasierungen von Begriffen zu Grundbegriffen des menschlichen Denkens über die Welt und über sich selbst immer »ihre Zeit« gehabt haben und wohl auch weiterhin ihre begrenzte Zeit haben werden. So heißt es z.B.: »Daß zwischen Subjekt und Objekt eine Art adäquater Relation stattfinde; daß das Objekt etwas ist, das von *Innen gesehn* Subjekt wäre, ist eine gutmütige Erfindung, die, wie ich denke, ihre Zeit gehabt hat« (KGW VIII 2, 299). Die Subjekt-Objekt-Relation, an deren Existenz doch wohl auch wir, unserer Sprache nach zu urteilen, zumeist noch glauben, wird eine »gutmütige Erfindung« (ebd.) genannt. Nietzsche fragt demgegenüber, ob es denn nicht erlaubt sei, »gegen Subjekt, wie gegen Prädikat und Objekt, nachgerade ein wenig ironisch zu sein? Dürfte sich der Philosoph nicht über die Gläubigkeit an die Grammatik erheben? Alle Achtung vor den Gouvernanten: aber wäre es nicht an der Zeit, daß die Philosophie dem Gouvernanten-Glauben absagte? – « (KGW VI 2, 50). Die erkenntnistheoretische Subjekt-Objekt-Relation wird von der grammatischen hergeleitet. In der Tat hat es seit Aristoteles den am Satzsubjekt orientierten Begriff des »hypokeimenon« in der Sprache der Philosophie ›gegeben‹ und erst seit der Neuzeit den genannten erkenntnistheoretischen Subjekt-Objekt-Gegensatz. Auch in der zuletzt zitierten Stelle spricht Nietzsche davon, daß doch wohl »die Zeit« dieser Grundorientierungen des Denkens abgelaufen sei. Was in dieser Zeit als Begriff von ›etwas‹ galt, soll wieder in seinem Sprachcharakter als Ausdruck einer Zeit, die im gewissen Sinn etwas auch Individuelles ist, durchschaut werden. Es soll wieder gesehen werden, daß diese scheinbaren ›Begriffe für etwas‹ in ihrem Ursprung Metaphern sind. Als Begriffe tauchen sie damit in ihren Ursprung zurück und verlieren ihre verabsolutierte Bedeutung. Aber kann man noch sagen, sie verlören ihre ›Bedeutung‹, oder ist nicht auch der Begriff ›Bedeutung‹ in eine Krise geraten? Auch das müßte nach Nietzsche eine Frage der Zeit sein. Es sieht ganz so aus, als wenn gerade dies eine Frage unserer Zeit wäre, die die Philosophie in eine Krise zu ziehen scheint. Mit Nietzsche wäre jedenfalls zu sagen, daß wohl allen Begriffen ihre Krise bevorsteht und daß neue an ihre Stelle treten werden. Die allgemeine Einsicht in die Begriffsgeschichte als Schädelstätte philosophischer und weltanschaulicher Grundbegriffe nützt hier nach Nietzsche aber nichts. Man kann auch sagen: sie verdirbt nichts. Das Durchschauen des Wandels ändert nichts. Wir sind und bleiben auf solche Grundorientierungen im Denken angewiesen, wenn wir überhaupt denken wollen, und wenn wir denken wollen, wollen wir auch an die Gültigkeit solcher Begriffe glauben. Wir können ein Schema nicht abwerfen, wenn nicht die »Zeit« dafür da ist. Kein Denken kann sich aus »seiner Zeit« herauswinden. Nietzsche bezieht hier durchaus die jeweils eigene Position mit ein: »Und folglich! Folglich! Folglich! Oh versteht ihr mich, meine Brüder? Versteht ihr dieses neue Gesetz der Ebbe und Flut? Auch wir haben unsere Zeit« (KGW V 2, 46). Alles, was sich in seiner Sprache als Ausdruck der Wahrheit versteht, hat »seine Zeit« und kann auch durch die Einsicht in dieses »Gesetz der Ebbe und Flut«, des Entstehens und Vergehens, nicht aus seiner Zeit heraus. Es müßte dann aus seiner Individualität heraus. Das dreimalige »folglich« kennzeichnet die Konsequenz dieses Grundgedankens Nietzsches. Nur an der Sinnlichkeit des Ästhetischen, insofern es noch nicht auf identische Begriffe gebracht ist, zeigt sich dieses ewig gleichbleibende, sich ewig wiederholende »Gesetz«. Es zeigt sich am sinnlichen Wort, das von einer Bedeutung in eine andere übergeht, indem es gebraucht wird, und das gerade darin, d.h. ohne allgemeine Regel, verstanden wird. Es wird gerade darin verstanden, daß es im individuellen Gebrauch ›seine‹ Bedeutung verliert, in der es als isolierter Begriff reflektiert gewesen sein mag.

Es kann also erst recht keine ›höchsten‹ Begriffe geben. Erhält ein Begriff in einem Denken den Rang eines höchsten Begriffs, so verdankt sich das einer Sprachfügung, in der ein individueller Mensch seinen »herrschenden Gedanken« (KGW VI 1, 77) auszudrücken versucht hat und in der auch andere sich ausgedrückt fanden. Der Begriff verliert diese Bedeutung, wenn das nicht mehr der Fall ist, d. h. wenn diese Begrifflichkeit nicht mehr den Nutzen hat, Menschen in ihrem Bewußtsein von dem, was sie seien, zu stabilisieren. – Nietzsche hätte von sich aus eigentlich nichts gegen Gottesbeweise einwenden können. Aber Beweise, so hätte er sagen können, setzten den Glauben an die Realität gewisser Begriffe voraus, und der habe immer seine begrenzte Zeit. Daraus ist aber kein Zeitmystizismus abzuleiten. Es ist »die Zeit, in die wir geworfen sind«, als »Zeit eines großen immer schlimmeren Verfallens ... Das Auseinanderfallen, also die Ungewißheit ist dieser Zeit eigen: nichts steht auf festen Füßen und hartem Glauben an sich« (KGW VII 2, 8). Ein starker Glaube tilgt in seinen orientierenden Begriffen das Gefühl, in einer Zeit zu leben; er weiß im jeweiligen Bewußtsein seiner selbst sich aufs Ewige bezogen. Nur die unsicheren Übergangszeiten bewirken das Gefühl der Zeitlichkeit und der Geworfenheit. Sie bringen dementsprechend relativistische und dekadente Philosophien hervor, deren Widersprüche auf der Hand liegen, während die starken Philosophien keinen Widerspruch in den Blick bekommen. In geglaubten Theorien haben die Begriffe das Potential in sich, auf ein widerspruchsfreies Verhältnis zueinander ausgelegt werden zu können, solange die Menschen die Kraft zu solcher Auslegung nicht verloren haben. So sehr das Individuum mit seiner Zeit identisch ist, so sehr ist diese Zeit auch eben seine Zeit, d. h. dasjenige, das ihm im entschwindenden Glauben im individuellen Maße dieses Entschwindens erlebbar wird. »Sein« und »Zeit« haben bei Nietzsche einen Bezug zueinander, in dem die Zeit die Differenz des Seins zum Seienden, das Begriffen entsprechen soll, aufscheinen läßt, indem sie selbst als Gegenzug zur ›Wahrheit‹ der Begriffe oder als Inbegriff der Nichtigkeit des in ihnen Begriffenen da ist.

Daß alles seine Zeit habe, was (nach Begriffen) ›etwas‹ Bestimmtes ist, bedeutet, daß alles sein Ende hat, was wir überhaupt in Begriffen zu fassen versuchen, und nicht nur das, was seinem Begriff nach schon als ›etwas Endliches‹ gedacht ist. Auch das demgegenüber als wahr, als unendlich Gedachte hat, eben als Gedachtes, »seine Zeit«. Die Sprache geht darüber hinweg, die Zeiten ändern sich.

Von diesem Punkt aus läßt sich auch bestimmen, was im Zusammenhang der Philosophie Nietzsches ›Kritik‹ heißen kann. Nietzsche kann nicht meinen, irgendeine Position oder auch ›die Zeit‹ bzw. den Zeitgeist von irgendeinem ›höheren‹ oder wahreren Standpunkt aus kritisieren zu können. Das würde ja gerade wieder den Subjekt-Objekt-Gegensatz voraussetzen. Kritisiert werden kann eigentlich nur das, dessen Zeit abgelaufen ist, d.h. das Dekadente, das an ihm selbst Zeichen des Verfalls aufweist. Solche Zeichen wären der nachlassende Glaube an sich selbst und entsprechende Versuche der Apologie, vor allem als logische Begründungsversuche oder als Reflexion auf ›Bedingungen‹ der eigenen Möglichkeit. Solche Versuche, wie überhaupt alle »Kritik des Erkenntnisvermögens« haben nach Nietzsche in sich etwas Widersinniges. Sie kehren gerade als Versuche der Rechtfertigung ihren immanenten Widerspruch hervor. »Wie sollte das Werkzeug *sich* selber kritisieren können, wenn es eben nur sich zur Kritik gebrauchen kann?« (KGW VIII 1, 103). »Man schreibt überhaupt nicht die Kritik einer Weltanschauung; sondern man begreift sie oder begreift sie eben nicht« (an Paul Deussen, KGW Br. I 2, 328). »Jemand, der den Duft einer Rose nicht riecht, wird doch wahrhaftig nicht darüber kritisieren dürfen: und er riecht ihn: à la bonheur! Dann wird ihm die Lust vergehen, zu kritisieren« (ebd.). Man begreift eine Weltanschauung, indem man sie hat, d.h. indem man die Perspektive einnimmt, aus der heraus sie stimmig wird. Dann kann man auch ihre Widersprüche hinweginterpretieren, ohne die ›Lust‹ dazu zu verlieren, und man entdeckt Widersprüche in den Positionen anderer, dann aber sozusagen aus »Bosheit«. Man widerlegt diese Positionen, insofern sie selbst nicht mehr die Kraft haben, dem etwas entgegenzusetzen. Diese Kraft ist nicht etwas Bewußtes: »... unsere Kraft ist es, welche über uns verfügt« (KGW VII 2, 258). Sie äußert sich z.B. in der ›Lust‹ an der Kritik fremder Positionen. Kritik ist immer affektbedingt wie alle sprachliche Kraft und keine rein theoretische Angelegenheit.

Dennoch kann man von Zeichen oder gar von einer Logik des Verfalls sprechen, auf die sich die Kritik beziehen kann. Diese Logik ist die Logik der als ansichseiend vorgestellten Welt von Dingen. Hierhin gehören alle Formen der Reflexion auf absolute Grundlagen des eigenen Denkens in ihrer immanenten Widersprüchlichkeit, also logische Begründungs- und Rechtfertigungsversuche schlechthin. Das Kennzeichen der décadence besteht darin, »daß das Leben nicht mehr im Ganzen wohnt. Das Wort wird souverän und springt aus dem Satz hinaus, der Satz greift über und verdunkelt den Sinn der Seite, die Seite gewinnt Leben auf Unkosten des Ganzen – das Ganze ist kein Ganzes mehr« (KGW VI 3, 21), d.h. es steht nicht mehr ein Wille dahinter, der seiner selbst sicher ist. Der Umschlag in Begriffe, d.h. in Wörter, die für sich genommen schon bedeutend sein sollen, und damit der Umschlag in die Vorstellung für sich seiender Dinge als der objektiven Korrespondenz der Wörter ist schon vollzogen. Die Logik soll nun das Ganze in einer allgemein begründeten, also aus dem Willen entlassenen Weise zusammenhalten. Der Zusammenhalt soll allgemein einsichtig gemacht oder rein theoretisch begründet werden, obwohl gerade dies einen unangefochtenen Glauben an die objektive Relevanz einer bestimmten Sprache mit ihren historisch gewordenen Referenzen auf die Wirklichkeit voraussetzt. Es handelt sich um eine Sprache, die kein Vertrauen in ihre eigenen historischen Anfangsgründe mehr hat und sich deshalb den Anschein der unbedingten Allgemeingültigkeit zu geben versucht. Nach Wittgensteins Begründung der Logik im »Tractatus logico-philosophicus« muß man, um überhaupt voraussetzen zu können, daß einzelne Sätze einen bestimmten Wahrheitswert haben, d. h. um der Grundvoraussetzung der formalen Logik willen auch voraussetzen, daß die »Welt« »in Tatsachen« »zerfällt« (»Die Welt zerfällt in Tatsachen.« 1.2). Dieser ›Atomismus‹ war schon für Nietzsche das Kennzeichen einer Logik des Verfalls. Das formallogische Argumentieren ist per se auf eine Logik bezogen, die Zerfall ausdrückt und insofern eine ästhetische Stilfrage berührt.

Wir müssen uns jedoch, um dies nicht irrationalistisch mißzuverstehen, daran erinnern, daß man natürlich auch nach Nietzsche nicht ohne Logik denken kann. Es ist nach Nietzsche aber eine Frage des Willens, ob man denken will, und wenn man es will, will man es auf eine konsequente Weise. Dazu gehört dann auch, den Begriffen die Beweglichkeit zu lassen, die erforderlich ist, um einen Denkzusammenhang gegen die Kritik konsistent erscheinen zu lassen, d. h. den Wörtern die Bedeutung zu geben, die dieser Zusammenhang begründet, und sich nicht auf eine ›allgemeine‹, den bedeutungsverleihenden Akten entzogene Bedeutung der Wörter einzulassen. Die angeblich allgemeine Bedeutung eines Wortes ist immer und notwendig eine besondere. Es ist immer die, die einem Wort in einem bestimmten Gebrauch gegeben wird, und es fragt sich nur, wessen Ausdruckswille den Dialog bestimmt. An einer Darstellungsweise ist auch nach Nietzsche natürlich nicht zu kritisieren, daß sie logisch ist, sondern daß das Logische das tragende Wahrheitsmoment in ihr sein soll. Dadurch kritisiert sie sich im Grunde selbst.

Es ist hinzuzufügen, daß auch der andere einen bestimmten Ausdruck, so wie er von einem Sprecher formuliert worden ist, deshalb akzeptiert, weil er auch sich selbst darin ausgedrückt sieht. Er akzeptiert ihn notwendig in seinem eigenen Sinne. Auch das Sich-etwas-gesagt-sein-Lassen ist ein individuelles und produktives Verhalten. Es kann kein Kriterium dafür geben, daß auch nur zwei Menschen beim Vernehmen eines Wortes ›dasselbe‹ verstehen. Nach W. v. Humboldt gehört alle Sprache »notwendig zweien« an (Akademie-Ausgabe, VI, 180), und daß zwei Personen etwas in der ›gleichen‹ Bedeutung verstünden, kann immer nur eine versuchsweise, hypothetische Voraussetzung sein. Man muß sie wohl immer machen, wenn man mit einem anderen spricht, aber an jeden »gewagten« Versuch dieser Art muß sich, wieder nach Humboldt, immer ein »neuer« anschließen (ebd. VI, 160). Es bleibt letztlich offen, ob sich die Voraussetzung identischer Bedeutung erfüllt oder nicht. Die Vorstellung der erfüllten Voraussetzung ist eine axiomatische Bedingung der Sprachwissenschaft, auf die sich die Rede von einer festen Relation zwischen einem Zeichen und ›seiner‹ Bedeutung gründet und ohne die es keine kleinsten linguistischen Einheiten gäbe.

Solche Überlegungen sind Nietzsche nicht fremd. Auch nach ihm gehört »zu jeder Seele ... eine andre Welt; für jede Seele ist jede andre Seele eine Hinterwelt«

94

(KGW VI 1, 268). Jede ist ja, wie wir sahen, schon für sich selbst als Individuum undurchsichtig. »Das Individuum ist etwas Absolutes, alle Handlungen ganz *sein* eigen ... *Die Auslegung* der Formel ist mindestens persönlich, wenn er auch keine Formel schafft: als *Ausleger* ist er immer noch *schaffend*« (KGW VII 1, 705). Mit dieser Schätzung des Individuums steht Nietzsche eigentlich in der christlichen Tradition, gegen deren platonistische, d.h. für Nietzsche: moralisch-ontologische Deutung. Aber er geht wohl doch zunächst davon aus, daß sich immer die eine »Seele« über die andere setzen will und daß jede für die andere das Allgemeine, Beherrschende zu werden versucht. Jede erhebt von sich aus einen Wahrheitsanspruch. Müßte sie ihn nun nicht aber, aus philosophischer Einsicht, gerade nach Nietzsche so erheben, als erhöbe sie ihn nicht? Wenn man weiß, daß auch die eigene Lehre »ihre Zeit« hat, dann erscheint doch der Wille zur Verallgemeinerung über andere Individualität hinweg, zumindest als subjektiver Wille, als gehemmt. Aber der Nietzschesche Begriff des Willens kann nicht mehr als ein ›subjektiver‹ Wille verstanden sein. Er ist nur zusammen mit dem Gegenbegriff zu dem Begriff eines subjektiven Willens zu denken, d.h. zusammen mit dem »tragischen« Begriff der Ausweglosigkeit des begrifflichen Denkens. Individualität ist gerade nicht mehr ›Subjektivität‹. Sie bleibt ohne Begriff, d.h. in ihrem von ›allgemeinen‹ moralischen und ontologischen Vorstellungen und Urteilen aus unschätzbaren, unendlichen Wert »etwas Absolutes«. Sie hat das absolute Recht, gegen moralische Ansprüche sich selbst zu setzen. Darin besteht die Gerechtigkeit, die in ihrer »Genialität« allem »aus dem Wege« geht, »was das Urteil über die Dinge blendet und verwirrt; sie ist folglich eine *Gegnerin der Überzeugungen,* denn sie will Jedem ...

das Seine geben — und dazu muß sie es rein«, d.h.
ohne moralische Vorstellung von dem, was es sein sollte,
»erkennen; sie stellt daher jedes Ding in das beste
Licht... Zuletzt wird sie selbst ihrer Gegnerin, der blin-
den oder kurzsichtigen ›Überzeugung‹ ... geben was der
Überzeugung ist — um der Wahrheit willen (KGW IV
2, 373 f.). Diese Gerechtigkeit gegenüber der Wahrheit
der Individualität wird auch »Liebe mit sehenden Augen« genannt, »welche nicht nur alle Strafe, sondern
auch alle Schuld trägt«, und die »Jeden freispricht, aus-
genommen die Richtenden« (KGW VI 1, 84). Die christlichen Anklänge sind unüberhörbar, aber sie wenden
sich gegen moralisierende, den einzelnen unter allgemeine moralische Ansprüche subsumierende Züge des
Christentums. Auch für den Sprachbegriff Nietzsches
ist diese Gerechtigkeit entscheidend. Das wahre Sprechen läßt den anderen in seinem Verstehen frei; es läßt
ihm darin, wie vor allem Levinas von der jüdischen
Tradition her herausgestellt hat, »Gerechtigkeit« wider-
fahren. Für Levinas ist »Sprache ... Gerechtigkeit« (To-
talité et Infini, La Hague 1965, 188). Heidegger hat
dagegen in der Gerechtigkeit im Sinne Nietzsches immer
noch den »rechtgebenden, maßgebenden Grund« des
»Befehlscharakter(s)« »des menschlichen Erkennens«
und des »dichtende(n) Wesen(s) der menschlichen Vernunft« gesehen (Nietzsche, 1961 I, 647), als »die höchste
Weise des Willens zur Macht«. »Alle Vorstellungen über
die Gerechtigkeit, die aus der christlichen, humanisti-
schen, aufklärerischen, bürgerlichen und sozialistischen
Moral herstammen«, seien zum Verständnis dieses Begriffs auszuschalten (Nietzsche II, 325). Gewiß sind all
diese moralischen Vorstellungen von der Gerechtigkeit
auszuschalten, also auch die christliche Moralvorstel-
lung. Doch die Gerechtigkeit ist der Wille zur Macht,

insofern sich in ihr auch die moralische Vorstellung von Macht aufhebt, nach der Macht sich mit allgemeinem Anspruch über andere Individualität setzen will. Es ist der Wille, der nur die Individualität, sowohl die eigene wie die der anderen, ›will‹ und sich und andere darin frei läßt bzw. sein läßt gegenüber dem, was immer sie von irgendwelchen allgemeinen Vorstellungen oder Machtansprüchen her sein sollten. Nietzsches Begriff der Gerechtigkeit ist »freisprechende« Gerechtigkeit. Er meint keinen »Befehlscharakter«, sondern die Anerkennung anderer Individualität als den absoluten Geist der menschlichen Rede.

Jörg Splett

NIETZSCHE – PSYCHOLOGE UND ANTICHRIST

Philosophische Vorüberlegungen zu einer
christlichen Antwort auf seine Herausforderung[1]

Es geht um Vorüberlegungen. Das Folgende will also
nicht eine Antwort an Nietzsche selbst sein, sondern
eine christlich-philosophische Selbstreflexion im Dienst
solcher Antwort. Das »Gegenüber« ist darum weniger
Nietzsche selbst als bestimmte Weisen seiner Rezeption.
Als Diskussionsbeitrag versteht sich die Wortmeldung
auch insofern, als sie bewußt die Immanenz einer Nietz-
sche-Philologie überschreitet. Zwar spricht auch sie (wie
diese) nicht mit ihm, sondern über ihn, aber im Blick
darauf, wie man »mit ihm« zu sprechen hätte. – Dies
in einer Reihe unterschiedlicher »Punkte«, deren Auf-
einanderfolge jedoch aus dem Fortgang selbst erhellen
dürfte.

Ausgangspunkt sei jene Perspektive, die dem wohl
immer noch gängigen Bild von Nietzsche als dem
»Hammerphilosophen« – auch und gerade in seinem
Antichristentum – vielleicht am schärfsten wider-
spricht: die seines Skeptizismus.

I. Zur Frage des Skeptizismus

In der Tat zeigt der nunmehr erschlossene Nachlaß in
viel ausgeprägterer Weise diese Seite an Nietzsche, als
man es früher sah. Das scheint manchen Gegensatz zu
entschärfen. Doch bei genauerem Zusehen tieft und ra-
dikalisiert es den Konflikt. Vor allem zwei Fragen stellen

sich hier — man könnte sie auch zwei Aspekte einer Frage nennen: der eine eher ethisch-praktisch, der andere eher theoretisch-formal.

1. Wie kann man, wie darf man jeder Überzeugung gegenüber sich »offen« halten — ohne zwar nicht den Menschen (Mt 7,1), aber diese Position zu »richten«? Kann man (dies wäre die Frage der eigenen Identität) und darf man (dies wäre die Frage humaner Solidarität) etwa Auschwitz oder die Inquisition einfach bloß in dem Sinne zur Kenntnis nehmen, daß dergleichen zwar für einen selbst niemals in Frage komme, daß man hier aber halt einer andersartigen Moral begegne? Mir scheint, der Ernst des Humanen erlaubt hier nicht bloß, er fordert dezidiertes Urteil, die Vertretung einer Position nicht nur für mich und den eigenen Glauben, sondern so, daß dies den anderen mit beansprucht.[2]

2. Und was zunächst »Ernst des Humanen« hieß, heißt in formaler Wendung: Ernst philosophischer Diskussion. Es gibt Diskussionen, die vorrangig *Meinungs*austausch sind, vom unverbindlichen Partygeplauder über erregte Stammtischgefechte bis zu einschlägigen Fernsehshows. Mitunter wird, vielleicht besonders bei politischen Runden, die Grenze fließend zu einer zweiten Gesprächsform: der Religionsdiskussion. Dort werden *Überzeugungen* geäußert und gegeneinander gestellt. Ein *philosophischer* Beitrag ist nach meinem Verständnis weder eine Meinungskundgabe noch ein Zeugnis, auch nicht bloß der Vorschlag einer vielleicht praktikablen Theorie, sondern der Versuch, argumentativ erkennbar zu machen, was ist.

Natürlich ist die Realität reicher, als sie sich dem Einzelnen zeigt: Jeder wahre Satz — der Aristoteles zufolge sagt, was ist[3] — sagt angesichts des Reichtums seines Gegenstandes stets auch *nicht*, was ist. Aber das schüttet die Kluft zu jenen (theoretischen wie auch und vor allem praktischen!) Sätzen nicht zu, die sagen, *was nicht* ist (bzw. fordern, was nicht sein darf). Diese Differenz ist, bei allen Schwierigkeiten im konkreten Detail, prinzipiell unaufgebbar. Und nicht ohne Zusammenhang mit ihr steht eine zweite für die philosophische Diskussion unaufgebbare Unterscheidung: die zwischen Überreden und Überzeugen (wollen).[4]

Ernstgenommen als Teilnehmer an einem philosophischen Disput ist man nicht schon dadurch, daß einem Überzeugungen zugebilligt werden – die hat man natürlich (hoffentlich) auch und darf, nein soll Respekt für sie verlangen. Hier aber beansprucht man obendrein, diskutable Gründe für die eigene These vorlegen zu können, und beansprucht deren Diskussion statt »bloßen« Respekts.

Bloßer Respekt vor der Überzeugung wäre in meinen Augen gerade ein Nicht-Respektieren dessen, was der Teilnehmer an einer solchen Diskussion tatsächlich will. Darum hat sich auch ein Sokrates niemals darauf beschränkt. Er sagt seinem Kontrahenten nicht: Ich verstehe, was du vorbringst; auch, warum du mir widersprichst (nämlich dank deinen andersartigen Voraussetzungen); ich verzichte jedoch darauf, »eben die Voraussetzungen zum Gegenstand des Gesprächs zu machen« (Gadamer 31). – Die Frage, warum jemand (vielleicht gar: unvermeidlicherweise) sagt, was er sagt, ist scharf von jener zu unterscheiden, ob zutreffe, was er sagt. Und fundamentaler, so jetzt die These, ist die zweite, also die nach den Gründen, statt nach den Ursachen einer Behauptung. Daß heute die Gegenthese verbreiteter und oft wie selbstverständlich in Geltung zu sein scheint, führt uns wieder zu Nietzsche.

Wo man jedoch derart für den Primat psychologischen Zugangs plädiert, sollte dies klar sein: »Das Gespräch hört damit auf, zu sein was es war: Verständigung über die Sache« (ebd.).[5] Was aber ist nun in Nietzsches Kritik die Sache?

II. Warnung vor Christen statt Kritik des Christentums?

Mir scheint es eine unerlaubte Entschärfung, wollte man die entschiedenen Angriffe Nietzsches nur als Warnungen an seine Zeitgenossen, als »prophetische Kritik« an kirchlichen Mißständen und an der Gewöhnlichkeit des Durchschnitts-Christen lesen. Nietzsche ist nicht mit Kierkegaard zu verwechseln (dazu noch später). Darum darf es einem christlich Denkenden nicht genügen, sich von der Kritik betreffen zu lassen. Dies bleibt freilich das erste, bei aller (nicht bloß Religions-)Kritik – weil er wohl unbesehen davon ausgehen kann, daß etwas »daran« ist (selbst wenn ein Kritiker bloß darauf setzen sollte, daß »semper aliquid haeret«). Doch nicht einmal »christliche Demut« gebietet, hierbei stehen zu bleiben; im Gegenteil vielmehr.

Wenn Nietzsche als Pastorensohn erklärt, daß alle Söhne von Pastoren lügen, ist die Rückfrage erlaubt, ja geboten: Stimmt das? Und dies ist nicht die einzige erlaubte Frage. – Zunächst mag man zur Kenntnis nehmen, er wolle vor spezifischen Gefahren warnen, eben jenen der Unredlichkeit, deren Wurzeln und Würzelchen er so meisterhaft herauszupräparieren verstand. Dann aber wird man auch schlicht logisch fragen dürfen, statt die formale Widersprüchlichkeit dieser »Kreter«-Auskunft auf sich beruhen zu lassen. Vor den Einzelargumenten wird eine Diskussion ja schon dadurch bestimmt, welche Art und Ebene von Argumenten zugelassen sein sollen. Und ich sehe keine Rechtfertigung für den Entscheid, logisch-formale Anfragen von vornherein zu disqualifizieren.

Doch bleiben wir beim Interpretament »Warnung«. Aufgrund welcher Erfahrungen und/oder Apriori plädiert jemand dafür, eher einer solchen Globalwarnung — und einem solchen Warner — zu trauen und sich zum Verdacht überreden zu lassen — als vielmehr gerade ob solcher Massivität ihr gegenüber mißtrauisch zu werden, es also statt dessen mit einem Vertrauensvorschuß bei den Verdächtigten zu versuchen?

Man hat darauf erwidert, »so massiv« sei die Kritik — näher besehen — gar nicht (oder zumindest oft nicht, oder: eigentlich nicht) gemeint. Demgegenüber wäre auf die Problematik eben von Verdächtigungen hinzuweisen, die »gar nicht so gemeint« sind. — Wir kennen diese Taktik nicht allein von Shakespeares Jago oder Marc Anton. Aber Nietzsche ist kein Jago; gegen eine solche Deutung seiner Christentumskritik will ich ihn darum meinerseits verteidigen. Gewiß, wie zuzugeben, leider auch gegen ihn selbst, doch unter Berufung durchaus auf ihn: auf seine wiederholten Appelle zu Stil, Anstand, Niveau und Format.

Gehört es zu solchem Anstand, daß er nicht den Glauben angreift, sondern nur dessen Anspruch auf Wahrheit?

III. »*Der Glaube macht selig: folglich lügt er ...*«[6]

1. Zunächst den Hinweis, daß es für Nietzsche genügte, zu sagen: Aus der Dienlichkeit, gar der Notwendigkeit des Glaubens folgt nicht seine Wahrheit. So heißt es auch zunächst im selben Abschnitt, oder anderwärts: »Auch wir leugnen nicht, daß der Glaube ›selig macht‹: eben deshalb leugnen wir, daß der Glaube etwas *be-*

weist — ein starker Glaube, der selig macht, ist ein Verdacht gegen das, woran er glaubt, er begründet nicht ›Wahrheit‹, er begründet eine gewisse Wahrscheinlichkeit — der Täuschung.«[7]

Daß der Glaube keinen »Anhalt zur ⟨rein objektiven⟩ Begründung einer objektiven Wahrheit bietet«[8] und in diesem Sinne »nichts beweist«, sei gerne zugestanden; nicht allerdings auch schon, daß er gar nichts beweise.[9] — Doch wiederum, welche Vorentscheidungen stehen hinter dem Urteil, Seligkeit begründe die Wahrscheinlichkeit der Täuschung; Unseligkeit also wäre ein Indiz für Wahrheit?[10]

2. Aber nehmen wir den Gedanken erneut in einem schwächeren — und darum stärkeren Sinn: in Aufnahme der prägnanten Nachlaß-Formulierung aus dem Winter 86/87 (gegen Kant): »›Erkenntnis ist Urteil!‹ Aber Urteil ist ein Glaube, daß etwas so und so ist! *nicht* Erkenntnis!«[11] — In der Tat ist Glaube als »Gesamtinterpretation vorliegender Fakten«[12] nicht eine Erkenntnis, die auch ohne diesen Glauben, außerhalb seiner, zugänglich wäre. Die christliche Tradition spricht von den »Augen des Glaubens« oder des »Herzens«.[13]

Dabei geht es um Eröffnung, nicht Setzung; was man sicher deutlicher im interpersonalen Bezug als im Subjekt-Objekt-Verhältnis aufweisen kann. Mag im Objekt-Bezug gelten, daß Glauben (Noch-)Nichtwissen bedeutet; zwischen Personen weiß man nur, wenn man glaubt, ja: glaubenderweise. Und ich sehe keinen Grund, hier das Wort Wissen — oder Erkenntnis — in Anführungszeichen der Uneigentlichkeit zu setzen. *Wußte* Nietzsche Peter Gast nicht als seinen ergebenen Freund? Hatte er seine Dienstbereitschaft nicht *erkannt?*

Daß alles pure Setzung sei, bestreite ich darum. Bzw., um die Disputatio behutsamer zu führen, sei an die Stelle

104

des »nego« zumindest ein »peto probationem« gesetzt: Daß Glaube keine Erkenntnis sei, ist zunächst nur eine Behauptung; wie steht es um deren Beweis?

Und wollte man nicht beweisen, sondern bloß insinuieren, dann stehen wir wieder bei schon Angesprochenem: dem Appell an Anstand und Wohlgeratenheit, daran Nietzsche in seiner Adelsethik so liegt. Ein vornehmer Mensch verdächtigt nicht — gar unentwegt und global. Wie hätte Nietzsche damit fertig zu werden, daß er zu einem, vielleicht dem größten der »Maîtres de soupçon« (Ricoeur) geworden ist? Wobei »soupçon« ja nicht, wie von E. Moldenhauer, verharmlosend mit »Zweifel« übersetzt werden sollte, sondern mit »Verdacht« und »Argwohn«.[14]

IV. Glaube als Lebensvollzug. Zu welchem Ziel?

Es herrscht also kein Streit darüber, daß jeglicher Theorie eine persönliche Selbsteröffnung voraus- und zugrundeliegt. Reine Theorie, »uninteressierte« Objektivität ist, wenn überhaupt, nur als Ergebnis nachträglicher Abstraktion zu denken (und kommt auch nur dank praktischer Option zustande). Sehen geschieht jedenfalls erstlich (wenn nicht schon stets und auch letztlich) interpretiert-interpretierend: es ist Glaubens-Sehen. Und was darin wirkt — auch hier stimmt der Christ bereitwillig zu —, ist der Wille zum Leben. (So zuvor Augustinus.) Die Tradition spricht vom »appetitus naturalis«, der den Menschen nicht bloß für die Wahrheit gleichsam »offen stehen«, sondern sich für sie eröffnen läßt.

1. Die Frage ist indes, was Leben sei. Wie hat man es zu interpretieren? Man könnte vielleicht, von Heidegger belehrt, so formulieren: Über welchen Grundsatz als den seinen und den seiner Reflexion über eigene wie die

Sätze (und Grundsätze) anderer hätte Nietzsche nicht mehr reflektiert? Was wäre das bei ihm selber Ungedachte? Oder in einem anderen Sprachspiel: Ich schlage eine Theorie vor, die den Willen zur Macht integriert. Denn »Wille zur Macht« ist offensichtlich Nietzsches Lebenskonzeption.

Das wird, wie besprochen, hoch ethisch gedacht und ist gegen grobe Unterstellungen zu verteidigen. Es geht in der Tat um Adelsethik, die bei Aristoteles nicht erst beginnt, doch eindrucksvoll entwickelt wird[15], die – um jetzt vieles zu übergehen – in Hegels »antiprivater«[16] bürgerlicher Moral einen anderen Höhepunkt findet... Eine Ethik des Edelmuts, in der es nicht darum zu tun ist, sich zu behaupten, sondern selbstverständlich darum, sich zu opfern. Auf das Geschäft der Philosophie angewandt: Denken heißt nicht meinen und vermeinen, sondern Wahrheitsdienst. In diesem Sinn stirbt der Philosoph tagtäglich, während es nach Hegels Ansicht für die anderen von Zeit zu Zeit des Kriegs bedarf, »in welchem mit der Eitelkeit der zeitlichen Güter und Dinge, die sonst eine erbauliche Redensart zu sein pflegt, Ernst gemacht wird ... worin die Idealität des Besonderen ihr Recht erhält und Wirklichkeit wird.«[17]

2. »Wille zur Macht« ist »Selbstüberwindung«. Meine Rückfrage zielt nun darauf, daß diese Ethik – von Aristoteles bis Hegel und weiter zu Nietzsche – monologisch gedacht wird. Geht es derart nicht auch in der Selbstaufhebung nochmals um das Selbst? Man geht zwar auf, aber im Ganzen. Nachlesbar in zwei Zeilen von Hegels Jugendgedicht »Eleusis«: »was mein ich nannte schwindet, / ich gebe mich dem unermeßlichen dahin, / ich bin in ihm, bin alles, bin nur es ...«[18]

Derart erschwingt die Selbstaufgabe ins Unendliche sich dessen Unermeßlichkeit, und man wird via Tod unsterblich. Da man nicht immer schon Gott *ist* (dies scheint das Vorrecht Gottes), *wird* man es wenigstens durch Selbstpreisgabe (und denkt schließlich Sein als Werden). Von einer solchen Ethik der Größe und des Selbstopfers als Selbstverwandlung her[19] muß jede Liebe als Selbstmißverständnis und/oder Selbstsucht decouvriert werden. Und nun nicht aus Böswilligkeit, Ressentiment oder unvornehmem Argwohn, sondern gerade aus dem »Stilempfinden« dieser Adelsperspektive heraus.

Doch ist das gerecht? Und läßt sich diesbezüglich gar der Satz vertreten, Gerechtigkeit sei gerecht der Moral gegenüber, während die Moral der Gerechtigkeit nicht gerecht werden könne? Zugegebenermaßen ist Ungerechtigkeit die Hauptversuchung aller Moral (man kann es auch als die Terrorismusgefahr absoluter Standpunkte formulieren). Indes, führt – wie schon anklang – der Verzicht auf Moral nicht zu zynischem Faktenfetischismus?

Und wenn der Vertreter der Gerechtigkeit den Moralisten dadurch beschämen kann, daß er ihm nachweist, nicht bloß moralisch zu sein, so ist dies dann das »Pech« des Pharisäers (christlich gesprochen: sein Glück, weil die Chance zu seiner Bekehrung). Doch zu welcher Umkehr wäre ein pharisäischer »Zöllner« zu bringen, der sich (wie Camus' Bußrichter Johannes Clamans) mit der *Interpretation* seiner als verwerflich und (in diesem Sinne) unmoralisch die *Änderung* seiner erspart? – Verurteilung wie Rechtfertigung aber – ob in concreto gerecht oder ungerecht ergehend – haben nur im Horizont von Moral einen Sinn. Gerechtfertigt ist nur, wer/ was moralisch gerechtfertigt ist.

3. In diesem Kontext erscheint die Rede von »ästhetischer Rechtfertigung« als ein hölzernes Eisen; denn Rechtfertigung ist ein moralischer Begriff – so wie die

Frage nach ihr (und der Rechtfertigung der Welt) eine wesentlich moralische Frage ist.[20] – »Ästhetisch gerechtfertigt«[21] sagt im Klartext: ungerechtfertigt und nicht zu rechtfertigen. (Den »Mord als schöne Kunst betrachten« – Th. de Quincey – kann nur äquivokerweise heißen, ihn rechtfertigen. Tatsächlich hat man damit den Ort möglicher Frage nach Recht und Unrecht verlassen).

Damit soll Nietzsche nicht etwa als ästhetisierender Zyniker interpretiert werden. Im Gegenteil glaube ich, daß er hier einem tiefen Leiden Wort gibt, von der *Geburt der Tragödie* bis zu jenem Brief vom 2.7.1885 an Overbeck, mit dem etwa Karl Löwith wie Gerd-Günther Grau ihre Nietzsche-Bücher beschlossen haben: »Mir besteht mein Leben jetzt in dem *Wunsche*, daß es mit allen Dingen *anders* stehn möge, als ich sie begreife; und daß mir Jemand *meine* ›Wahrheiten‹ unglaubwürdig mache.«[22]

Wenn die Welt überhaupt soll gerechtfertigt werden können, so nur als Traum eines wirklichkeitsflüchtigen Wesens, was jedoch eben besagt, sie könne nicht gerechtfertigt werden.

4. Nochmals also die Frage: Wie habe ich Leben zu denken? Das Bisherige war als Rückfrage an jene Position gemeint, die Leben als Leben wider Leben versteht. Faßt man nun aber – und dies ist die christliche Sicht, eine Gegen*option* eingestandenermaßen, doch keine blinde; sie behauptet, zu sehen – , faßt man Leben ursprünglich als Liebe, als Bejahung nicht des Einzelnen als Absolutum noch eines Absoluten, in welches der Einzelne sich aufgehoben hätte, sondern personaler Gemeinsamkeit (als absoluter Erscheinung eines erscheinenden, also seinerseits nicht monadischen Absoluten – der religiöse Ausdruck dafür: Reich Gottes): dann

läßt der Machtwille sich als Difizienzgestalt dieses eigentlich Seienden und Sein-Sollenden verstehen, er läßt sich bei mir und anderen kritisieren und vielleicht auch ändern statt bloß hoffnungslos interpretieren.

Dies Angebot christlichen Denkens erklärt die faktische Gestalt unseres Lebens nicht als »natürlich« und so unabänderlich tragisch, sondern als aufgrund kontingenter Schuldgeschichte so geworden, wie sie jetzt ist, und darum als prinzipiell veränderlich: erlösbar. Leben an sich ist Liebe; Schöpfung stammt aus Überfluß; zu sein ist nicht allein als Traum, sondern als solches gut. Und die Rede von Schuld ist — Nietzsches Meinung zuwider — befreiende Rede, ja die einzige, die Hoffnung auf Befreiung erlaubt.[23]

V. Wahrheit als Befreiung

1. Tatsächlich sind Wahrheit und Freiheit strikt korrelativ zu denken, und zwar mit Nietzsche gegen Hegels »Erkenntnis der Notwendigkeit« und die Norm des Allgemeinen, im Sinn der Befreiung des jeweils Einzelnen zu sich selbst, d.h. zu seinem Selbst.[24] Aber läßt sich diese Freiheit anders aufrechterhalten als im Sinn des berühmten Kant-Worts aus der »Grundlegung«, ein freier Wille und ein Wille unter sittlichen Gesetzen sei einerlei?[25] Denn letztlich ist mein Handeln (wozu auch die Wortmeldung im philosophischen Disput zählt) entweder durch Ursachen bestimmt, denen zufolge ich mich so verhalten *muß*, wie ich es tue, ohne es anders zu können, oder durch Gründe, aus denen ich mich so verhalten *soll* (wie ich es hoffentlich tue), ohne anders zu *dürfen*. Gleichgestellter Partner im Disput ist aber einzig jener, von dem man voraussetzt, daß er nicht so sprechen müsse, wie er spricht, — andernfalls würde er

zum *Objekt* entsprechender Analyse. Anders (wie schon vorher erwogen): einzig das Ja zur Wahrheitspflicht ermöglicht philosophischen Disput.²⁶

Dieser kategorische Imperativ, »der Wahrheit die Ehre zu geben«, gilt evident aus sich selbst. Kant spricht von einem unhintergehbaren »Faktum der Vernunft« und Reinhard Lauth von »Sazienz«.²⁷ Gemeint ist unmittelbares sich-ergreifen-lassendes Ergreifen. Auch christliche Philosophie sieht das nicht anders, manchen Mißverständnissen zum Trotz; will sagen: auf die Frage »Why to be moral?« läßt sich nicht in abkürzendem Übersprung mit *Gott* antworten. (Dies schon darum nicht, weil ihm zu gehorchen seinerseits ein Gebot der Sittlichkeit wäre.) Gleichwohl stellt sich hier ein Verstehensproblem, also eine Frage. Gefragt wird zwar nicht, warum man dem Imperativ folgen solle, doch wie sich das Gewissens-Phänomen verstehen lasse – ohne daß die Interpretation es »wegerklärt«. Dabei wird an der Gegebenheit »Gewissen« jetzt nur eines thematisch: der (hier nicht zu diskutierende, sondern als gemeinsam anerkannt vorausgesetzte) Anspruch auf unbedingten Respekt vor seinem Entscheid, sei er auch irrig.²⁸

An diesem Punkt nun, meine ich, kommt so legitim wie unabweisbar Gott ins Spiel, ohne daß dies jetzt ausgeführt werden könnte.²⁹ Goethe spricht (in einem von Hegel wiederholt aufgenommen Vers) vom *Heiligen*, das die Menschen verbindlich verbindet.³⁰

2. Gott also doch als Gott der Moral: der eigentliche Angriffspunkt Nietzsches? Ich halte nichts davon, dem auszuweichen. Nietzsche kämpft gegen die Moral, weil sie das Leben verurteilt; »denn von der Moral (in Sonderheit christlichen, das heißt unbedingten Moral) *muß* das Leben beständig und unvermeidlich Unrecht bekommen, weil Leben etwas essentiell Unmoralisches *ist*, –

110

muß endlich das Leben, erdrückt unter dem Gewichte der Verachtung und des ewigen Nein's, als begehrungsunwürdig, als unwert an sich empfunden werden.«[31] — Daß es eine selbstgefällige unmenschliche Form der Moral gibt und daß gegen diese Jesus entschieden Stellung bezogen hat, bedarf heute wohl kaum noch eigener Betonung. Sollte es schon wieder eher (un)zeitgemäß sein, der Vermutung zu widersprechen, »daß Nietzsche sicherer weiß als wir, was ›Gott‹ und ›Gnade‹ heißen kann«, weil er Gott als den »größten Immoralisten der Tat« bezeichnet hat?[32]

»Nicht ›Buße‹, nicht ›Gebet um Vergebung‹ sind Wege zu Gott: die evangelische Praktik allein führt zu Gott, sie eben ist ›Gott‹! — Was mit dem Evangelium abgetan war, das war das Judentum der Begriffe ›Sünde‹, ›Vergebung der Sünde‹, ›Glaube‹, ›Erlösung durch den Glauben‹.«[33] — Wie das? — »Die ›Sünde‹, jedwedes Distanz-Verhältnis zwischen Gott und Mensch ist abgeschafft — eben das ist die ›frohe Botschaft‹« (ebd.). In der Tat (bei Streichung freilich von »jedwedes«); aber keineswegs doch in dem Sinn, daß es die Sünde nicht mehr gäbe noch gar je gegeben hätte, sondern gerade im Sinn gnadenhafter Befreiung von ihr.

Wenn der »›Sohn‹ mit ›Zöllnern und Sündern Mahlzeit hält‹«, dann sagt er damit nicht, sie seien keine Sünder, die der Gnade nicht bedürften, und die Gnade, die dem Haus des Obersteuereinnehmers Zachäus widerfährt, besteht gerade im Erkennen seiner Schuld und in der Erkräftigung zu tätiger Umkehr (Lk 19, 1 – 10). — Ob man das nun »eine an Moral und Metaphysik verkaufte Gotteslehre« schilt oder als »nach Bedarf besorgbare ›dialektische Theologie‹« abtun will (Nolte 30): hier sei darauf bestanden, daß, erstens, in der Welt, in der wir leben, jeder, der nicht seine Freiheit leugnen will, sich – faktisch – als schuldig bekennen muß. Und zwar ist damit weder die »essentielle Unmoral des Lebens« gemeint noch ein existenziales Schuldigbleiben der Verwirklichung von Möglichkeiten, sondern schlicht und schäbig ganz persönlich zu vertretendes Versagen. – Zweitens, daß Schuld weder durch ihre biolog(ist)ische Umdeutung zur »sogenannten« noch allein durch Bessermachen (eine »neue Praktik«) abgeschafft werden kann, sondern allein durch Vergebung.

3. Vergebung wird unter Menschen gewährt, und man könnte sagen, Gnade vor Recht ergehen zu lassen sei die äußerste, schon eine göttliche Möglichkeit des Menschen. Doch inwieweit ist sie – eben deshalb – wirklich die seine? – Die Rede der Schrift von einer Auferweckung aus dem Tod ist angesichts wirklich ernsthafter Schuld nicht übertrieben: bei solcher Zusage neuer Zukunft in Würde geht es in der Tat um Neubelebung, um eine schöpferische »Wieder-holung« und Erneuerung des ursprünglichen Schöpfungs-Ja. »Wer kann Sünden vergeben als Gott allein?« (Mk 2, 7).

Es geschieht auf vielfältige, z. T. gänzlich unauffällige Weise, bis zum »Sakrament des Schlafs« (den Goethe seinem Faust zwischen Teil I und II gewährt), ausgeprägter schon im Vergebungswort zwischen Menschen. Aber gibt es eine letzte voll authentische Gewähr des Heils? Sie konnte nie vag allgemein in dem verbreiteten Gefühl bestehen, schließlich werde schon alles gut sein und gehen. Sie muß explizit, und ein für allemal, in einem bestimmten Wort uns zugesagt werden. [34]

Im Zeugnis dafür, daß dieses Wort in Jesus von Nazareth ergangen ist, besteht der christliche Absolutheitsanspruch. Nicht also in der Widersprüchlichkeit, daß eine Einzelperspektive sich für all-verbindlich erklärte; sondern in der Zumutung, das eine letzte Wort für schon

112

ergangen zu behaupten, und ergangen in jenem Ereignis Jesu des Christus. Ob jemand dies glaubt oder nicht, ist nicht Sache der Philosophie; jedenfalls wird das vom »Absolutheitsanspruch« der christlichen Botschaft gemeint: kein — stets perspektivisches — Was, sondern ein von Wesen unperspektivisches Daß (so sehr es sich unvermeidlich in Was-Sätzen auslegt).

4. Von dorther wäre in einem Gespräch mit Friedrich Nietzsche (das mit ihm selbst leider nicht mehr geführt werden kann) zu erhellen, was mit »sacrificio dell' intelletto«[35] gemeint ist: keine abstrusen Trinitätsmathematiken nach dem Muster der Hexenküche im *Faust*, sondern das Ansinnen, zu akzeptieren, daß der Mensch in seiner Unmenschlichkeit von Gottes reueloser Liebe endgültig bejaht sei (im Sohn als dem Ja des Vaters — 2 Kor 1,19).[36]

Freilich muß das Nietzsches Adelsethik gegen Anstand und Geschmack gehen.[37] Sie kennt Gnade nur als »Durch die Finger Sehen«, als »Selbstaufhebung der Gerechtigkeit« in einem Luxus ihres Machtbewußtseins[38]. Und derartiges kann der Vornehme sich seinerseits wahrlich nicht bieten lassen. — Es wäre reizvoll, zu erörtern, ob hingegen sich (in Wahrheit) *vergeben* zu *lassen* nicht höchsten Herzensadel verlange (aus dem Adel wirklicher Reue — um an den »katholischen Nietzsche« Max Scheler zu erinnern). Und ob nicht die Weigerung eine unvornehm angestrengte Sorge um den eigenen Rang, also Unsicherheit betreffs seiner verrate. Noch näher beim Punkt wäre die Frage nach dem Ort überhaupt von Geschmack im Raum der Liebe. Doch ich vermute, daß auch dies noch nicht der Punkt selbst ist, von dem man weder sich noch den anderen ablenken lassen sollte: dem des *Ärgernisses,* daß sich Gott als Gott um den Menschen als Menschen bemüht.

Kierkegaard hat dies am Bild des Tagelöhners, dem der Kaiser die Hand seiner Tochter anträgt, vorgeführt.[39] – Wird ihm der Ausweg, es für Einbildung oder Fopperei zu halten, verschlossen, bleibt ihm nur die Alternative zwischen dem »demütigen Mut«, »sich zu getrauen, das zu glauben (denn ein dreister Mut vermag nicht zum Glauben zu helfen)«, und dem Ärgernis. – Ärgernis nun bestimmt Kierkegaard als »unglückliche Bewunderung«, gleichsam als »Neid wider sich selbst«.

Gemeint ist wohl dies: Genötigt vom Realitätsprinzip, hat man von seinen Allmachtsphantasien Abschied genommen; obzwar nicht ganz. Kaum eingestanden, hegt man bei sich den Verdacht und Groll, im Grunde etwas Besseres verdient zu haben als gerade sich. Und nun wird diesem belastenden Ich das kaiserliche Angebot zuteil ... Mit dem es obendrein gar nichts anfangen kann (eine Kate mit einem Stück Land wäre sinnvoll) ...

Ohne Bild: die Botschaft Christi stößt mitnichten auf freudige Zustimmung bei den Hörern. Sie ist keineswegs bloß Wuncherfüllung der Schwachen; denn sie übersteigt das natürliche Wünschen. Ein Glück nur für Selbstlose, in Nietzsches Worten: Freie; für Menschen, die wirklich lieben. – Wäre Nietzsches Psychologie also hier eher zu schlicht?

VI: Selbsthaß oder Menschenliebe

1. »Warum heute Atheismus? – ›Der Vater‹ in Gott ist gründlich widerlegt; ebenso ›der Richter‹, ›der Belohner‹. Insgleichen sein ›freier Wille‹: er hört nicht – und wenn er hörte, wüßte er trotzdem nicht zu helfen. Das Schlimmste ist: er scheint unfähig, sich deutlich mitzuteilen: ist er unklar? – Dies ist es, was ich, als Ursachen

für den Niedergang des europäischen Theismus, aus vielerlei Gesprächen, fragend, hinhorchend, ausfindig gemacht habe; es scheint mir, daß zwar der religiöse Instinkt mächtig im Wachsen ist — daß er aber gerade die theistische Befriedigung mit tiefem Mißtrauen ablehnt.«[40]

Seine Vergebung und darin sich selbst mitteilen in einem letzt-authentischen Wort erlaubt in der Tat weder Halbheit noch Zweideutigkeit. Doch welche Art von Deutlichkeit ist hier zu erwarten? — Die Antwort muß entschieden lauten: rein objektiv ablesbare Einzigkeit kann es nicht geben. Klarheit im Sinn deutungsunbedürftiger Univozität ist beim Erscheinen und Sich-Zusagen von Freiheit prinzipiell nicht möglich. Anders gesagt: Einzigkeit kann nicht anders erscheinen als dadurch, daß sie behauptet wird, und die Behauptung fordert Glauben.

Kein »physisches« oder »moralisches Wunder«, keinerlei »Bewahrheitung durch neue Praxis« kann ein Wort als *das* Wort verifizieren, weil solche Zeichen sich im Vergleichbaren (ob quantitativ oder qualitativ) bewegen, Einzigkeit aber Unvergleichlichkeit sagt.

Damit wird nicht erklärt, der Glaube sei einfach beliebig. Der Sprecher eines solchen Wortes muß zumindest in dem Maße glaubwürdig sein, daß er die Hörer in die Entscheidungssituation für oder gegen sich bringt. Und dem Ernst des Sprechers muß die Glaubwürdigkeit seines Wortes entsprechen.

»Glaubwürdig« meint hier allerdings das Gegenteil von »naheliegend« oder »wahrscheinlich«. Oder sollte es dem »häßlichsten Menschen« auch nur im geringsten Maß wahrscheinlich sein, er sei und werde von der täuschungslosen Liebe Gottes vorbehaltlos angenommen? Um dies »Absurdissimum«[41] des Glaubens aber ist es zu tun. – Absurd, und doch das einzig Ersehnte; auch wenn diese Sehnsucht sich nochmals als die nach dem Tod von Gottes Hand glaubt maskieren zu müssen (als Ariadne-Klage).

Dies Wort kann, wenn überhaupt, nur in menschlicher Sprache ergehen, also menschlich, und weiterzureichen durch Menschen. Der Skandal sei weder abgeschwächt noch weggedeutet. Gottes Wort ist immer »unklar«, weil es im Gesprochen- wie Vernommenwerden Menschenwort ist. Unklar: weil erst Interpretation, d.h. Glaubensentscheidung klärt (nur so werden zwischen Personen Dinge »klar«); unklar zudem, weil wir es nicht mit bloßer Offenheit und purer Noch-Unentschiedenheit zu tun haben, sondern obendrein mit Verunklärung durch Schuld. Der Hinweis darauf ist nicht unangemessen erbaulich, sondern schlicht hermeneutisch, »theorie(selbst)kritisch« gedacht.

2. Das aber führt zu der weiteren Frage, inwieweit der humanistische Protest bei Nietzsche sich überhaupt direkt gegen Gott richte – und nicht eigentlich gegen den Menschen, also gegen Gott bloß insofern, als er den Einzelnen auf andere Menschen verweist.

Oder behutsamer: verzichten wir auf »bloß«; denn von Unglauben, Ressentiment und Ärgernis ist die Rede gewesen. Das biblische Wort für das eigentliche Hindernis des Glaubens lautet »Kleinglaube – oligopistia«, das Nicht-Wahrhaben-Wollen von Gottes Liebe. (Sollten wir Nietzsche darum nicht eher im häßlichsten Menschen erkennen als in prometheischen Hinaufstilisierungen? Und das gerade im Einklang mit dem Bilde ⟨wie Selbstbild⟩, das die neuere Forschung von ihm erstellt?)

Dann aber doch die vorherige Frage: Der religiöse Instinkt, von dem Nietzsche spricht, will offenbar weniger die Gottheit Gottes als gerade alles (Allzu)Menschliche hinter sich lassen.[42] — Hierher gehören etwa die vielfachen Berg-, Meer- und Himmel-Einsamkeitstexte Nietzsches und sein Pathos des Columbus-Aufbruchs. Hätte aber die Psychologie recht mit der These, daß man im anderen des Eigene, sich selbst bekämpfe, dann stünden wir wieder bei dem Schmerz-Punkt Kleinglaube, Häßlichkeit, Leiden an sich selber. (Wäre hier Nietzsches Ungedachtes zu suchen?)

Ich breche ab. Die gebotene Antwort an Nietzsche, wie an andere Humanismen, läge dann weniger in einer Verteidigung Gottes (»Theodizee«) und der Rechtfertigung unseres Sprechens von ihm (»Theologia rationalis«) — so sehr es auch dieser bedarf — als vielmehr in einer begründeten Verteidigung des Menschen: endgültig ermutigt durch das unzweideutige Ja Gottes zu ihm in Jesus Christus (2 Kor 19 f.). Er ist dem Glaubenden so auch Sammlung und Klärung (»Fokus«) eines doppelten Ja des Menschen: zu Gott und sich.

[1] Der Titel möchte auf das von J. Salaquarda übersetzte Standard-Werk hinweisen: W. Kaufmann, Nietzsche. Philosoph — Psychologie — Antichrist, Darmstadt 1982; der Untertitel auf den eines früheren eigenen Beitrags, der im folgenden zu einem Teil wieder aufgenommen wird: Der Mittler, in: Theol. Phil. 50 (1975) 161 – 182.

[2] Vor diesem Hintergrund klingt mir das Lob der Pilatus-Frage als »größte Urbanität aller Zeiten« (Nachl.: KSA 11, 100 – 25⟨338⟩) peinlich und hohl.

[3] Met IV 7 (1011 b 27).

[4] Vgl. H. G. Gadamer, Platos dialektische Ethik ... Hamburg 1968, 27 – 34.

[5] Eine weitere Frage ginge auf die Sinnhaftigkeit einer reduzierten Wahrheitsdefinition, wonach ›wahr‹ gleich (nach welchen Standards?) ›beweisbar‹ wäre. Die Diskussion kann jetzt nicht geführt werden; es sei nur angemerkt, daß ich diese Einschränkung nicht akzeptiere.

[6] AC 50: KSA 6, 230.

[7] GM III 24: KSA 5, 398.

[8] KGB I – 2, 61 (an Elisabeth, vom 11.6.65).

[9] Reziprok zu Nietzsches Kritik der »Gesichter« der Christen: MA II 98: KSA 2, 418; M 411: KSA 3, 255.

[10] Dazu nochmals aus dem zitierten frühen Brief an die Schwester: »Was Deinen Grundsatz betrifft, daß das Wahre immer auf der Seite des Schwereren ist, so gebe ich Dir dies zum Teil zu. Indessen, es ist schwer zu begreifen, daß 2 × 2 nicht 4 ist; ist es deshalb wahrer?« (a. a. O. 60). Allerdings: »Suchen wir denn bei unserem Forschen Ruhe, Friede, Glück? Nein, nur die Wahrheit, und wäre sie höchst abschreckend und häßlich« (ebd.). Doch ist man versucht, hier selbst zum Psychologen zu werden, mit Erwägungen zur klassisch (spät)pubertären Entgegensetzung von Wahrheit und Glück: Als wäre ausgemacht, die »nackte Wahrheit« sei häßlich statt schön — und als wäre es kindisch (statt vielleicht eher Erkenntnis der Reife), Wahrheit und Gutheit in eines zu setzen. — Nicht als sollten oder dürften wir Glück um den Preis der Wahrheit suchen; sehr wohl aber die Wahrheit als das Glück und als Leben. In diesem Sinn hat aus dem Erbe einer hohen Tradition Augustinus frei heraus erklärt: »Nulla est homini causa philosophandi nisi ut beatus sit (quod autem beatum facit, ipse es finis boni).« Civ. Dei XIX 1.3.

[11] Nachl.: KSA 12, 264 (7⟨4⟩).

[12] J. Splett, Gotteserfahrung im Denken. Zur philosophischen Rechtfertigung des Redens von Gott, Freiburg-München ³1985;

Kap. 1; Reden aus Glauben. Zum christlichen Sprechen von Gott, Frankfurt/M. 1973, Kap. 1.

[13] P. Rousselot, Die Augen des Glaubens (Les yeux de la foi, 1913), Einsiedeln 1963; »Herz«: Eph 1, 18; Sir 17, 8. − Fragt nicht auch Zarathustra nach einer »Liebe mit sehenden Augen« (I: KSA 4, 88) und warnt vor den unfruchtbaren Gelehrten: »Sie haben kalte vertrocknete Augen, vor ihnen liegt jeder Vogel entfedert« (IV: KSA 4, 361)?

[14] P. Ricoeur, Die Interpretation. Ein Versuch über Freud, Frankfurt/M. 1969, 49.

[15] Kaufmann 445 − 447.

[16] Th. W. Adorno, Ges. Schr. 5, Frankfurt/M. 1971, 294 (Drei Studien zu Hegel); vgl. F. Flügge, Die sittlichen Grundlagen des Denkens bei Hegel, Heidelberg 1968.

[17] WW (Glockner) 7, 434 (Rechtsphilosophie § 324 Anm.).

[18] Dokumente zu Hegels Entwicklung (J. Hoffmeister), Stuttgart 1936, 381.

[19] Vgl. J. Splett, Lernziel Menschlichkeit. Philosophische Grundperspektiven, Frankfurt/M. ²1981, Kap. 4.

[20] zu KSA 1, 18f. (GT, Versuch einer Selbstkritik 5).

[21] GT 5: KSA 1, 47; siehe J. Splett, Das Schöne denken? in: Theol. Phil. 57 (1982) 389 − 412, 403 − 405.

[22] K. Löwith, Nietzsches Philosophie der ewigen Wiederkehr des Gleichen, Neuausg. Stuttgart 1956, 198; G.-G. Grau, Christlicher Glaube und intellektuelle Redlichkeit. Eine religionsphilosophische Studie über Nietzsche, Frankfurt/M. 1958, 289. − KGB III-3, 63.

[23] Vgl. meinen Artikel: Schuld, im Handbuch philosophischer Grundbegriffe.

[24] J. Salaquarda, Das wahre Selbst über dir. Überlegungen zu Werk und Wirkung Friedrich Nietzsches, in: E. Biser (Hrsg.), Besieger Gottes und des Nichts. Nietzsches fortdauernde Provokation, Düsseldorf 1982, 24 − 51.

[25] WW (Weischedel) Darmstadt 1956 ff., IV 82.

[26] Siehe J. Splett, Konturen der Freiheit. Zum christlichen Sprechen vom Menschen, Frankfurt/M. ²1981, Kap. 1.

[27] KpV, WW IV 141 f.; R. Lauth, Begriff, Begründung und Rechtfertigung der Philosophie, München-Salzburg 1967, 55.

[28] Zur Erläuterung: Unbedingt ist der Respekt, insofern man unbedingt niemals, niemanden zu einem Handeln gegen sein Gewissen zwingen darf. Sehr wohl aber kann es erlaubt, ja u. U. geboten sein, ihn an einem Handeln aus Gewissensgehorsam zu hindern.

[29] Siehe: Gotteserfahrung im Denken. Kap. 4; Der Mensch ist Person. Zur christlichen Rechtfertigung des Menschseins, Frankfurt/ M. 1978, Kap. 1.

[30] Jahreszeiten: Artemis-Ausg. I 263.

[31] Siehe oben Anm. 20: KSA 1, 19.

[32] J. Nolte, Wahrheit und Freiheit. Meditationen über Texte aus F. Nietzsche: Der Antichrist, Düsseldorf 1973, 30. – Das Nietzsche-Wort (WM Nr. 304): KSA 13, 27 (11⟨54⟩).

[33] AC 33: KSA 6, 205 f. (Nolte 27).

[34] Hegel. Die absolute Religion, Hamburg 1966, 133: »Einmal ist allemal – Subjekt muß an Subjekt sich wenden – ohne Wahl.«

[35] JGB 229: KSA 5, 166.

[36] Für die entsprechende Gott-Rede hierzu: J. Splett, Gott / Trinität (A. Philosophisch) im neuen Handbuch theol. Grundbegriffe, München 1984.

[37] Z. B. AC 38: KSA 6, 210 f.; s. u. Anm. 42.

[38] GM II 10: KSA 5, 309.

[39] Die Krankheit zum Tode, Düsseldorf 1957, 83 – 85 (SV XI 195 – 198).

[40] JGB 53: KSA 5, 72 f.

[41] JGB 46: KSA 5, 67.

[42] Darum vor allem Gottes Menschlichkeit und deren Spitze im Tod. »So spricht Nietzsche zwar von der ›grandiosen Paradoxie‹, die in der Formel ›der Gott am Kreuze‹ zum Ausdruck komme, fügt aber hinzu, daß man damit ›allen guten Geschmack in Europa auf Jahrtausende‹ verdorben habe.« J. Salaquarda, Dionysos gegen den Gekreuzigten. Nietzsches Verständnis des Apostels Paulus, in: ders. (Hrsg.), Nietzsche, Darmstadt 1980, 288 – 322. Zitat: Nachl.: KSA 11, 86 (25⟨292⟩).

LITERATURAUSWAHL

1. Werke Friedrich Nietzsches

1.1. Werke. Kritische Gesamtausgabe, hrsg. v. Giorgio Colli und Mazzino Montinari, Berlin und New York 1967 ff. (= KGW).

1.2. Sämtliche Werke. Kritische Studienausgabe, hrsg. von Giorgio Colli und Mazzino Montinari, München und Berlin/New York 1980 (= KSA).

1.3. Briefwechsel. Kritische Gesamtausgabe, hrsg. von Giorgio Colli und Mazzino Montinari, Berlin und New York 1975 ff. (= KGB).

1.4. Werke in drei Bänden, hrsg. von Karl Schlechta, München bzw. Darmstadt 1954 ff.

2. Biographien

2.1. Janz, Curt Paul, Nietzsche, Biographie in drei Bänden, München 1978 und 1979.

2.2. Frenzel, Ivo, Nietzsche in Selbstzeugnissen und Bilddokumenten, Reinbek 1966.

2.3. Schlechta, Karl, Nietzsche Chronik, München/Wien 1975.

2.4. Ross, Werner, Der ängstliche Adler. Friedrich Nietzsches Leben, Stuttgart 1980.

3. Sekundärliteratur (Auswahl)

3.1. Nietzsche-Studien. Internationales Jahrbuch für die Nietzsche-Forschung, hrsg. von Ernst Behler, Mazzino Montinari, Wolfgang Müller-Lauter, Heinz Wenzel, Berlin und New York 1972 ff.

3.2. Monographien und Texte zur Nietzsche-Forschung, hrsg. von Ernst Behler, Mazzino Montinari, Wolfgang Müller-Lauter, Heinz Wenzel, Berlin und New York 1972 ff.

3.3. Nietzsche und die deutsche Literatur, 2 Bände, hrsg. von Bruno Hildebrandt, München 1978.

3.4. Andreas-Salomé, Lou, Friedrich Nietzsche in seinen Werken, Wien 1894 (Nachdruck Dresden 1924).

3.5. Baeumler, Alfred, Nietzsche. Der Philosoph und Politiker, Leipzig 1931, ³1937.

3.6. Benz, Ernst, Nietzsches Ideen zur Geschichte des Christentums und der Kirche, Leiden 1956.

3.7. Biser, Eugen, Gott ist tot. Nietzsches Destruktion des christlichen Bewußtseins, München 1962.

3.8. Biser, Ernst (Hrsg.), Besieger Gottes und des Nichts, Düsseldorf 1982.

3.9. Danto, Arthur C., Nietzsche as Philosopher, New York 1965.

3.10. Fink, Eugen, Nietzsches Philosophie, Stuttgart 1960, ³1973.

3.11. Fischer, Kurt, Is Nietzsche a Philosopher?, in: The Journal of Philosophy 1969, 779 ff.

3.12. Fleiter, Michael, Wider den Kult des Realen, Königstein 1984.

3.13. Funke, Monika, Ideologiekritik und ihre Ideologie bei Nietzsche, Stuttgart-Bad Cannstatt 1974.

3.14. Grau, Gerd-Günther, Christlicher Glaube und intellektuelle Redlichkeit. Eine religionsphilosophische Studie über Nietzsche, Frankfurt/M. 1958.

3.15. Habermas, Jürgen, Nachwort, in: Ders. (Hrsg.), Nietzsche: Erkenntnistheoretische Schriften, Frankfurt/M. 1968, 237 ff.

3.16. Heidegger, Martin, Nietzsche, 2 Bde., Pfullingen 1961.

3.17. Jaspers, Karl, Nietzsche. Einführung in das Verständnis seines Philosophierens, Berlin 1936, ⁴1974.

3.18. Jaspers, Karl, Nietzsche und das Christentum, München 1947.

3.19. Joël, Karl, Nietzsche und die Romantik, Jena und Leipzig 1905.

3.20. Kaufmann, Walter, Nietzsche, aus dem Amerikanischen übersetzt von Jörg Salaquarda, Darmstadt 1982.

3.21. Löwith, Karl, Nietzsches Philosophie der ewigen Wiederkehr des Gleichen, Berlin 1935, Stuttgart ³1978.

3.22. Löwith, Karl, Von Hegel zu Nietzsche. Der revolutionäre Bruch im Denken des 19. Jahrhunderts, Zürich 1941, Stuttgart ⁶1969.

3.23. Lukács, Georg, Die Zerstörung der Vernunft, Bd. II, Darmstadt 1973.

3.24. Lutz-Bachmann, Matthias, Nietzsches »Fluch auf das Christentum«, in: Stimmen der Zeit 199 (1981) 398 – 408.

3.25. Mann, Thomas, Nietzsches Philosophie im Lichte unserer Erfahrung, Berlin 1948.

3.26. Montinari, Mazzino, Studien über Nietzsche: Werk. Edition. Rezeption, Berlin – New York 1981.

3.27. Montinari, Mazzino, Nietzsche lesen, Berlin – New York 1982.

3.28. Müller-Lauter, Wolfgang, Nietzsche, Seine Philosophie der Gegensätze und die Gegensätze seiner Philosophie, Berlin – New York 1971.

3.29. Reinhardt, Karl, Nietzsches Klage der Ariadne, in: Die Antike 11, 1935, 85 ff. (Wiederabdruck in: Ders., Vermächtnis der Antike, Göttingen 1960, 310 ff.).

3.30. Röttges, Heinz, Nietzsche und die Dialektik der Aufklärung (= MTNF 2), Berlin – New York 1972.

3.31. Rohrmoser, Günther, Nietzsche und das Ende der Emanzipation, Freiburg i. Br. 1971.

3.32. Salaquarda, Jörg, Der Antichrist, in: N-Studien 2, 1973, 91 ff.

3.33. Salaquarda, Jörg, Mythos bei Nietzsche, in: H. Poser (Hrsg.), Philosophie und Mythos, (Hrsg.), Berlin – New York 1979, 174 ff.

3.34. Salaquarda, Jörg, Nietzsche, Wege der Forschung, Band 521, Darmstadt 1980.

3.35. Salaquarda, Jörg, Umwertung aller Werte, Archiv für Begriffsgeschichte XXII 1978, S. 154 – 174.

3.36. Schlechta, Karl, Der Fall Nietzsche. Aufsätze und Vorträge, München 1958, ²1959.

3.37. Schmidt, Alfred, Zur Frage der Dialektik in Nietzsches Erkenntnistheorie, in: Zeugnisse. Theodor W. Adorno zum 60. Geburtstag, hrsg. von Max Horkheimer, Frankfurt/M. 1963, S. 115 – 132.

3.38. Simon, Josef, Grammatik und Wahrheit, in: Nietzsche-Studien 1 (1972) 1 – 26.

3.39. Simon, Josef, Nietzsche und das Problem des europäischen Nihilismus, in: W. Böhme, Ist Gott tot?, Karlsruhe 1982.

3.40. Splett, Jörg, Dionysos gegen den Gekreuzigten? Philosophische Vorüberlegungen zur christlichen Antwort auf die Herausforderung Nietzsches, in: K.-H. Weger (Hrsg.), Religionskritik. Beiträge zur atheistischen Religionskritik der Gegenwart, München 1976, S. 59 – 83.

3.41. Ulmer, Karl, Nietzsche. Einheit und Sinn seines Werkes, Bern und München 1962.

3.42. Valadier, Paul, Nietzsche et la critique du christianisme, Paris 1974.

3.43. Volkmann-Schluck, Karl-Heinz, Leben und Denken. Interpretationen zur Philosophie Nietzsches, Frankfurt/M. 1968.

AUTORENVERZEICHNIS

Matthias Lutz-Bachmann
geb. 1952, Dr. phil. et theol., wissenschaftlicher Mitarbeiter am Seminar für Katholische Theologie der FU
Berlin, Lehrbeauftragter für Philosophie des Mittelalters
am FB Philosophie der Universität Frankfurt. Veröffentlichungen: Geschichte und Subjekt. Studie zu Bedeutung
und Problematik der Geschichtsphilosophie im Werk
von Immanuel Kant und Karl Marx, 1981; Das Verhältnis von Philosophie und Theologie in den »Opuscula
Sacra« des A. M. S. Boethius, 1984.

Jörg Salaquarda
geb. 1938, Dr. theol., wissenschaftlicher Mitarbeiter für
Religionswissenschaft am FB Evangelische Theologie
der Universität Mainz, Privatdozent für Philosophie am
Seminar für Philosophie der FU Berlin. Veröffentlichungen: Das Verhältnis von Theologie und Philosophie in
K. Barths »Kirchlicher Dogmatik«, 1969; Philosophische Theologie im Schatten des Nihilismus (Hrsg.);
1971; Aneignung und Umwandlung. Fr. Nietzsche und
das 19. Jahrhundert (Hrsg. zus. mit W. Müller-Lauter),
1978; Nietzsche, Wege der Forschung Bd. 521 (Hrsg.),
1980.

Josef Simon
geb. 1930, Dr. phil., nach Professuren in Frankfurt und
Tübingen jetzt Ordinarius für Philosophie am Philoso-

phischen Seminar der Universität Bonn. Veröffentlichungen (u. a.): Das Problem der Sprache bei Hegel, 1966; Sprache und Raum. Über das Verhältnis zwischen Wahrheit und Bestimmtheit von Sätzen, 1969; Philosophie und linguistische Theorie, 1971; Aspekte und Probleme der Sprachphilosophie (Hrsg.), 1974; Sprachphilosophie, 1981.

Jörg Splett
geb. 1936, Dr. phil., Ordinarius für Philosophie an der Philosophisch-Theologischen Hochschule St. Georgen in Frankfurt, Gastprofessor an der Hochschule für Philosophie in München. Veröffentlichungen (u. a.): Die Trinitätslehre Hegels, 1965, [3]1984; Die Rede vom Heiligen, 1971, [2]1985; Gotteserfahrung im Denken, 1973, [3]1985; Konturen der Freiheit, 1974, [2]1981; Lernziel Menschlichkeit, 1976, [2]1981; Der Mensch ist Person, 1978; Der Mensch: Mann und Frau, 1980; Zur Antwort berufen, 1984.